国学与新闻写作系列

人民日报记者怎样写特写

刘杰 著

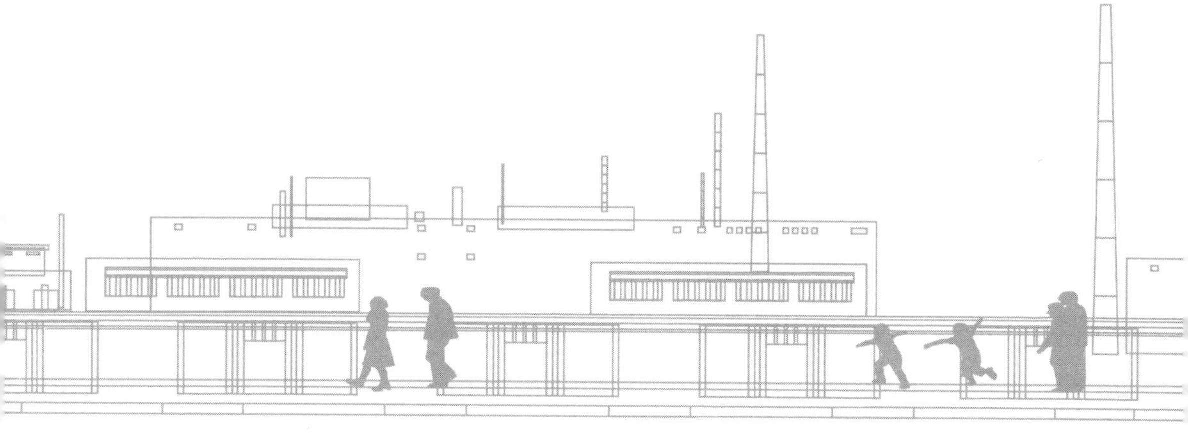

人民日报出版社
北京

图书在版编目（CIP）数据

人民日报记者怎样写特写 / 刘杰著. — 北京：人民日报出版社，2023. 1

ISBN 978-7-5115-7640-8

Ⅰ. ①人… Ⅱ. ①刘… Ⅲ. ①新闻特写—新闻写作 Ⅳ. ① G212.2

中国版本图书馆 CIP 数据核字（2022）第 257327 号

书　　名：人民日报记者怎样写特写
　　　　　RENMINRIBAO JIZHE ZENYANG XIETEXIE
作　　者：刘　杰

出 版 人：刘华新
责任编辑：曹　腾　季　玮
版式设计：九章文化

出版发行：人民日报出版社
社　　址：北京金台西路 2 号
邮政编码：100733
发行热线：(010) 65369509　65369527　65369846　65369512
邮购热线：(010) 65369530　65363527
编辑热线：(010) 65369523
网　　址：www.peopledailypress.com
经　　销：新华书店
印　　刷：大厂回族自治县彩虹印刷有限公司
法律顾问：北京科宇律师事务所　010-83622312

开　　本：710mm×1000mm　1/16
字　　数：190 千字
印　　张：16.5
版　　次：2023 年 7 月第 1 版　　2023 年 7 月第 1 次印刷

书　　号：ISBN 978-7-5115-7640-8
定　　价：48.00 元

新闻特写的“古”与“今”
——读《人民日报记者怎样写特写》有感并代序

杨柏岭

继2021年《怎样写活人物》、2022年《人民日报记者怎样写纪事》出版后，数日前又接到刘杰老师的“国学与新闻写作”系列三《人民日报记者怎样写特写》书稿的校样。如果说接受撰写《怎样写活人物》读后感任务，心里既满怀忐忑之情，又充溢着无以言说的感动；答应撰写《人民日报记者怎样写纪事》读后感任务，除了感动，更多的是对刘老师的敬重；那么此次再度成为刘老师著作的第一批读者，除了感动、敬重，似乎又回到了起初的忐忑。究其原因，有了阅读资深名记者文字的难得机会。作为一名从事古典文学研究只是中途被派到新传学院工作的我来说，忐忑、感动、敬重之情自然是不言自明。如今我在新传学院的管理工作已经结束，刘老师依旧将大作样稿发来，这除了七年来刘老师与我亦师亦友的情谊，还有就是对我虽然离开新传学院管理岗位但仍需不断学习新闻传播业务的叮嘱与期待。

“国学与新闻写作”系列，源自刘老师受聘安徽师范大学之后的教学设想。2016年，刘老师受聘我校之后，以非常严肃认真的态度投入到备课工作之中，他多次来校调研听课，了解高校教育教学方法。同时，在合肥备课期间，常常只带着几个馒头到工作室，早出晚归，乐此不疲。接着，我们以“刘杰新闻故事汇”为品牌，邀请刘老师定期为本科生讲课。起先是“提问新闻”系列，围绕从如何做记者到如何做新闻这个话题，教导学生学会“费尽心机”找选题、“不遗余力”挖主题、“苦苦思索”显功力等新闻工作者的能力，提高学生的新闻传播素养。继而，讲授“头条背后的故事”系列，以《人民日报》等头条新闻作品为例，向同学们讲解这些作品之所以刊登头条的道理，为同学们树立好新闻的标准，激发他们成为一名好记者的职业理想。两轮之后，刘老师以唐宋八大家、桐城派等为主要对象，拓展了“国学与新闻”系列课程。

可以说，刘老师开辟“国学与新闻”系列课程，对培养卓越新闻传播人才正当其时。2017 年，美国西拉姆学院较早地提出“新文科”的概念，鼓励进行跨学科的综合学习，强调通过学科专业重组进行知识生产与传播。2018 年，教育部决定实施“六卓越一拔尖”计划 2.0，要求在新形势下反思传统文科学科建设和人才培养，开启了中国新文科的建设之旅，其中就包括卓越新闻传播人才教育培养计划 2.0。2019 年 4 月，“六卓越一拔尖”计划 2.0 启动大会在天津大学召开，大力推动包括新文科在内的“四新”建设，启动全面振兴本科教育攻坚行动。2020 年 11 月，新文科建设工作会议在山东大学（威海）召开，全面部署新文科建设，发布了《新文科建设宣言》。近些年来，我也一直关注新文科建设的理论及实践进程。2021 年 9 月 17 日，《光明日报》第 06 版“奋斗百年路 启航新征程”刊发了拙文《大力推进新文科建设创新发展》的理论文章。这篇文章针对新文科建设必要性及其建设路径存在的认识误区，着重思考了四重关系，认为需要避免“中国需要”的单一维度，辩证处理好全球发展与中国需要这个中外关系；超越近代中国以来“激进—保守”文化困境，基于“创造性转化、创新性发展”原则性立场处理好学科传承的古今关系；克服旧学科的思维定势，守正创新，分类推进，处理好学科思维的破立关系；既重视技术性，又重视社会性、人文性，以“人”的观念革新为本，处理好学科建设的内涵与外延关系。

事实亦如此，随着媒介形态不断变化，新闻写作面临诸多新课题。刘老师开设“国学与新闻”系列课程伊始，便拟定了撰写系列著作的基本要求。这便是从人物新闻写作角度出发，以“两创”理念对待中国古代文学创作理论，通过大量范例分析，对这些新课题给出了独特解法。如果说《怎样写活人物》作为该系列作品的首部，在探讨人物写作的同时，以一定篇幅阐释了国学的内涵、国学与新闻结合的可能性等问题，彰显出该部著作在新文科建设背景下探讨卓越新闻传播人才培养及新闻传播学学科建设的方法论意识，那么第二部《人民日报记者怎样写纪事》在总结并提炼新闻纪事写作规律的同时，则明显呈现出在国学与新闻结合上的理论自觉，可谓新文科建设背景下新闻传播学建设理论与实践的深入推进。鉴于此，我曾以“新闻纪事写作的‘术’与‘道’”为题，依次从“人文合一：新闻纪事写作的本体要求”“文无古今：新闻纪事写作的方法启示”“兴教化人：新闻纪事写作的价值指向”三方面总结了自己的读后感。

如今《人民日报记者怎样写特写》又有怎样的特色呢，又将带给我怎样的启示呢？接到该部著作样稿时，我正准备启程赴山东大学、山东师范大学调研，于是临时决定带上电脑，利用此次出差机会先睹为快。在往返济南与芜湖的高铁上，学习刘老师这部著作还真的有一种别样的体验。无论是去程中静谧夜色下空旷的车厢中只有我与同事两人的环境，还是返程中阳光明媚下那客满的车厢，我与刘老师的著作都组合成一个相对独立的空间。在即将到达芜湖站之际，我写下这样的关键词："新闻有学的古今之思——学在情怀，学在视野，学在方法，学在育人。"国学与新闻的古今关系，始终是贯穿刘老师这系列著述的研究路径。在此基础上，古今范例的详解与新闻实践的启示，成为写作方法的范式。这部《人民日报记者怎样写特写》也不例外，但更为突出。这部著作共有四个部分，依次为"特写的前世今生""看古今特写短篇的题材和种类""古今比较看特写短篇的特点和要求""特写短篇的古今表现手法和创新"，仅从字面上就可以看出"国学与新闻写作"已转化为"古与今"的思维架构。所谓"新文科"，自然是相对于"旧"文科而言的。冠以"新"字，无非是说明传统意义上的"文科"发展"与社会发展需求间的矛盾和鸿沟"日渐突出，强调了"变局"之大、文科发展责任之重。新文科之"新"就在于当前文科建设面临的"变局"之特殊性。"放眼世界，我们面对的是百年未有之大变局"，概括而言，主要有这么几个方面：一是百余年来由西方发达国家主导的国际秩序与全球治理格局正在发生深刻调整，发展中国家日趋拥有更多的全球治理的话语权，国家力量对比更趋平衡，世界多极化、文化多样性势不可当；二是伴随着新一轮科技革命和产业变革的深入推进，日渐深入的经济全球化、社会信息化正在重塑世界，各国彼此依存或人类相互联系已达到命运与共的程度，文明交流互鉴是必然的选择；三是既因科技变革的"双刃剑"效应，也因国家力量对比调整所引发的斗争，都在说明人类社会进入"变局"与"危机"并存的新阶段。当然，

“危机”具有向坏与向好转变的双重性，如何避免向坏方向发展的“危险”，选择向好转向的“机会”，是人类文明前进的必由之路。识见至此，以一种新的姿态建设新文科已属人们的共识，然问题在于这个新的姿态是什么，实践中又出现一些不同的声音。

比较而言，像文史哲等建设新文科，需要经历由“确定性”经过“不确定性”再到“确定性”的过程，个中关键在于突破传统学科的思维定势，否则就难以推进。在新学科建设背景下，像新闻传播学这类一直“与时俱进”的学科发展是一种在“不确定性”中寻找“确定性”“规律性”的过程，属于“新”中“求新”。于是，部分人便认为，在学科建设观念上，新闻传播学至少在避免定势思维的束缚上，比文史哲等传统学科要轻便得多；从实践层面上看，近些年新闻传播学在科技、人文、社会等元素交叉、融合方面，较之于传统文科前行了一大步，以至于令很多人感觉新文科建设的诸多任务正是这些“新”学科前些年所做的工作。不过，面对这种乐观的态度，我们需要更多的理性。新文科建设为所有文科提供了发展的机遇，但这里有“共性”，也有各自的“异处”，因此，《新文科建设宣言》明确指出：“文科门类众多、特色各异的特点决定了新文科建设必须分类推进。要根据各自学科专业特点，结合行业领域特定问题，促进八大学科门类特色发展。”对于新闻传播学来说，一方面因为“向新文科迈进，学科融合，并非易事”，技术跟跑过程中，“追蹭热点、流于表面、浅尝辄止的情形也时常发生”，另一方面如何在新文科建设的机遇下，改变类似“新闻有业而无学”之类的判断，也是这类学科建设的真问题——作为一个成熟的学科，这类学科尚缺少“历史的厚重”“思想的光芒”“范式的共识”等诸多问题。因此，超越在文史哲等传统学科对其做出“无学”的质疑的境遇，在新文科建设的驱动下，恰恰给此类学科建设带来发展的新机遇。

从某种意义上说，在文科建设守正创新的路径上，文史哲等传统学科具有强大的惯性，在其遭遇新媒介快速发展的境遇下，深感危机的人们经历思想焦虑之后，终于发出要正视新形态的呼声。以文学活动为例，我在一篇文章里曾指出，这无非是在说“滑落的只是文字时代的文学现象及其观念，并非文学活动抑或是‘文学性’本身。相反，因为数字化手段的介入，新的文学活动正在拓展，新内涵的文学性亦在滋长”。但像新闻传播学若想真正“有学”，建设者们就需要抓住这个机会，参照文史哲等传统学科曾经的历程，以发展为导向，发挥多学科“交叉”有可能走向“全面”的优势，以“高质量发展”为内核，“要坚持不懈挖掘新材料、发现新问题、提出新观点、构建新理论，加强对实践经验的系统总结”（《新文科建设宣言》），夯实学科发展的基础，形成中国特色的新闻传播学学科的理论体系、学科体系、教学体系，为全面建设社会主义现代化强国服务。这其中，发掘中国古代文论资源，就是新闻传播学夯实自己学科基石的重要路径之一。

当然，新闻有学，必然是建立在有业这个应用性的基础之上。对此，刘老师在本书最后特别作了说明：“新闻报道是一门实践性非常强的业务课，特别是特写报道，滋润着古文典籍的文化营养，裹挟着战火烈焰的淬炼，伴随着新闻改革的艰深脚步，快速融入互联网新媒体阵地，新闻工作者必须以勇于创新的姿态，让特写在融媒体舞台上，绽放出更加绚丽耀眼的光彩。”新闻实践如此，在一定程度上说，新闻学科之学同样是一种“业学”，即便构建出的抽象知识体系也有着自身特质。刘老师“国学与新闻写作”系列正是基于这一点给予了大胆的尝试。这里以《人民日报记者怎样写特写》为例，对这部来自新闻实践第一现场的思想成果略加提炼与总结。

作为一种“业学”，新闻有“学”首在新闻人的学术情怀。学术情怀是什么，或许有人会单纯从知识结构、理论体系等层面理解。其实，无论是“体大思精”的著作还是“灵光闪现”的短章，我们所理解的学术情怀是学人在特定的专业领域表现出的问题探究意识、持之以恒问学态度以及以学术思考承担社会使命所表现出的向上向善的价值判断，充盈着浓烈的社会责任感以及对人类命运的终极关怀。在刘老师看来，“新闻不在大小，有意义就好；故事不在长短，描述得动人就好。特别是在危难时期，越是短小的报道，越能最快最好地体现危难中的真情，激发人们积极向上的活力。”“文者，贯道之器也”，古文如是，新闻特写亦应如是，“新闻报道既要报道新闻事实，更要明是非对错，知善恶美丑，激发人们向上向善”的激情与力量。基于此，本书第一个话题“疫情中小特写展示大主题”，直面当下，反映出新闻著述关注时代的特质。“看似一件小事，却显示着人间大爱”，“小特写展示大主题”更是贯穿全书，彰显出新闻学人的社会关怀。像古文家韩愈，“身居御史谏官之职，居其位则思直其道”；柳宗元同样“为民代言，不计风险”，“一篇《捕蛇者说》，直击时弊，千古传颂”。古文家如此，对于新闻人，刘老师更是强调，“既然吃了新闻饭，就要时刻在状态。就像战争年代随军记者，古代言官御史，新时代新闻工作者，非常情况下要有所作为，平常时期也要开动脑筋，有所作为”。他还形象地比喻道：“记者有了肩负重任的意识，就会有了狼一样的警觉……所以，记者一定要时时在状态，有抢抓、会抓、能抓、非抓不可的新闻意识和能力”。除了“时刻在状态”，若想发现新闻，写出含金量极高的新闻，“说到底就是一句话，只有胸中有大局，眼里才会有典型”。这个“大局”就是治国理政战略问题、群众关切的现实问题、国内外热点问题等。归根结底，我国新闻人的学术情怀就在于“心里装着百姓”，走好新时代党的群众路线。做到这一点，才会不断采写出有深度、有分量的好新闻。这也是新闻有学的最大学问。

作为一种“业学”，新闻有“学”需要新闻人的史家眼光。正如前文说过的，这部著作给我的第一印象就是“新闻有学的古今之思”。葛兆光谈到讲述学术史课程时曾说，“对不同领域的人来说，学术史是不一样的，但归根结底就是：观察前人做了什么，前人怎么做的，谁做得好谁做得不好，谁的研究是典范，还有什么课题可以做。”刘老师这部著作虽不是一部关于特写的史学著述，但古今对照无疑是该著最具特色的写作方式。刘老师明确指出，“特写有着悠久的历史，有着蓬勃的生命力，在漫长的发展过程中，不断枝繁叶茂”。以史家的眼光观察，针对“曾经有一段时间里，文章以块大为美，通讯越写越长，消息和特写不少人不愿意触碰了”的现象，该著以大量的案例分析重点强调了特写“青春永驻”的魅力。“往更远处说，在古代，言官御史，军中掾吏，郡议曹属，遇到什么紧急事儿，也是立马命笔，拿出言之有理的奏议，使人折服的文章。”韩愈、柳宗元等古文大家许多文章也都是短篇精制，在他们看来，“文章在精不在长，既要言之有文，又要言之有物，无文不能传久远，无物不能济世有用”。至于“特殊时期，譬如战争、灾情、疫情突至，民情大如天，及时鼓与呼之，上下尽知，堪为头等大事……需要的应是短而精美的特写短篇。”古亦如此，今更亦然。为此刘老师专门讨论“古今比较看特写短篇的特点和要求”，指出“新闻呼唤改革，文风亟须改进，短小精美、现场感强的特写等，理应进入新闻主阵地”。可以说，各个历史时期都展现着特写短篇各自不同的特有风貌，而“互联网时期，特写与短音视频嫁接，在融合优势上更显英姿”。对此，刘老师又专门讨论了特写的融媒创新与传统思考的话题，提出了“转变传播方式”“转变话语方式”“最不能改变的依然是采访”等启人深思的要求。由此，将怎样写特写放到历史中思考，观察前人做了什么和怎么做，谁做得好谁做得不好等，自然丰富了特写的文化特质。其中，基于《文心雕龙·附会》的“附辞会义”观，谈到特写形式美的内涵极具启发性。除了人们常说的素材美、语言美、标题美，还特别强调“形式美第一位的是主题”以及“形式美还在于节奏美”，可谓深得中国古文诗词的要义。这使我想到了清末词学大家况周颐《蕙风词话》说的“词之情文节奏，并皆有余于诗，故曰‘诗余’”，“情文节奏”一词可谓道尽了中国文学的精神特质，这也正是新闻报道“有思想、有温度、有品质”的辩证统一。

作为一种“业学”，新闻有“学”需要新闻人的学理自信。刘老师打通国学与新闻边界，有着中国新闻学理论及方法论自觉意识。古文尤其是经典作品，人们多从文学角度评判其历史地位及价值，部分人甚至在与古文比较中，反而促发了“新闻作品缺少经典化”可能的伤感判断。然而，在刘老师看来，“历史是昨天的新闻，新闻是明天的历史，众多典籍故事亦是写实纪事，大抵是昨天的新闻。”于是，在“国学与新闻写作”系列著述中，刘老师告诉读者一方面要以新闻工作看古文，掘发古文的新意，另一方面要以古文看新闻，着力思考新闻作品经典化的工作。就前者而言，“古文大家凡写人写事，大多也会多方采撷，深加思考，以感同身受而为之”，部分作品如历史经典《世说新语》，“篇幅均不足千文，却故事新颖，事实真切，说理晓畅，文采飞扬，一扫魏晋浮华靡丽之风，足可叹为当下新闻特写之楷模”；韩愈《御史台上论天旱人饥状》，后人认为是散文，殊不知在当时，“这‘状’就是纪事，亦即特写，堪称‘现场短新闻’，有见闻，有议论，有建议，文虽短小，仅二三百字，却如重磅炸弹”等等。就后者而言，正如刘老师指出的，“凡纪事写人之古文短章，无疑与新闻报道追求写短、写精、创新、求实之精髓，有着异曲同工之妙”。像欧阳修《归田录》说的“余平生所作文章，多在三上，乃马上、枕上、厕上也。盖惟此尤可以属思也”，所谓三上“体现的是时间短促，思虑较深，成文快捷，这与新闻特写的形成和传播极为相似”。该著除了分析了众多古文创作特点，用古文论启发新闻特写写作，还赏析了众多新闻特写作品。刘老师多次说过“于当今新闻特写上，更是不乏经典之作”，“新闻是历史，也是镜子，读历史可以知得失，看镜子可以正衣冠，就看记者捡到的是镜子，还是土瓦块。镜子是有含金量的新闻，土瓦块是立意不深，没有多少价值的新闻。我们所做的，就是要多捡镜子，少捡或不捡瓦块”。这无疑在告诉读者，当代新闻工作者若能坚持新闻有学的态度，秉承经典化理念创作，所创作的新闻作品未尝不是后代所认可的经典“古文”。不仅如此，通过古文与新闻对比分析，更能知晓新闻的独特性。如情景特写，像古代部分游记、情景诗句，虽然有“景物和场面的具象表现，是文学名篇，却谈不上于世有补的治世之理，更没有情景特写所应有的深层底蕴”。这一点，刘老师认为，主张“文以载道”“文以明道”的古文做到了，“此后的新闻特写报道，在以景生情、以情化人方面更是日臻完美”，彰显出新闻有“学”的学理自信。

作为一种“业学”，新闻有“学”需要落在新闻育人的价值论。刘老师开始研究“国学与新闻写作”系列时，便为自己定下了明确的目标：力求以讲故事方式行文，在叙事与探讨、比较和挖掘中体现研究成果，以自然天成的方式完成人物、纪事、特写等新闻业务研讨，绝无“穿靴戴帽”、牵强附会之感。新闻报道不只是一种信息传递，随着以网络为代表的新媒体涌现和普及，“满足与使用”理论一度很流行，刷流量、圈粉等成为人们对产品价值判断的重要标准。从某种意义上说，这也是一种读者中心论，但如何建设性地理解读者中心论则是一个非常关键的问题。由《怎样写活人物》《人民日报记者怎样写纪事》到《人民日报记者怎样写特写》，关于新闻作品的社会价值成为一以贯之的自觉认识。“从古至今，凡为百姓着想，为读者考虑，都会为文精短，好读有用，更宜于传播开来。”“为读者考虑”，“最重要的是心中要有读者，唯此才能致力做好受众最喜爱的新闻”。这既要“带着读者一齐走进采访现场”，也要让读者“有欲知、快知的阅读冲动”“给了读者生动活泛的全新阅读快感”，更要有“打动人，感染人”的魅力。简言之，给“读者受众以‘换味’的感觉，那才是记者所应有的姿态”，如此，新闻报道才能“起到‘令人惊’更‘令人思’的教化作用”。其中，“特写的魅力就是讲故事”“在几十年的新闻生涯中，笔者最爱跑的是基层，最爱抓的是故事，最关心的是百姓喜怒哀乐，采写较多的也是读者喜闻乐见的特写题材”。刘老师新闻实践如此，“国学与新闻写作”系列著述也始终结合案例分析，在讲故事中自然提炼出特写的写作要求。当然，“新闻特写需要讲故事，但又不同于纯粹的故事”，文学意义上的故事可以虚构、夸张，甚或张冠李戴，而“新闻是事实的报道，任何时候都不允许虚构”“新闻报道中的讲故事只能是在准确无误的基础上，运用讲故事的技巧，增强新闻报道的生动性和感染力”。如此，加上特写镜头，现场气息浓郁，“读者受众如同走进了会见场所”，“记者通过自己心灵感应，提升了现场的磁性吸引力，进而传达出重大的思想主题，让读者受众从中得到阅读快感，享受到特写新闻的思想感化”，发挥新闻育人的特殊功能。

最后，我想说的是，学术、学科属人性，乃中国文化上的共识。儒家学人如孔子所提出的“人能弘道，非道弘人”命题，在道与人的互动中，既重视传播者文化修养的提高与知识结构的优化，也通过言传身教等方式强调“传播者即媒介”的意识，强调“人”要有成为“弘道”媒介的自觉意识。钱穆在《中国学术通义》中针对“近人率多认文史哲诸科谓是属于人文方面”的话题，也认为“中国传统，重视其人所为之学，而更重视为此学之人”“每认为学属于人，而非人属于学”，正因为“当以人为学之中心，而不以学为人之中心。故中国学术乃亦尚通不尚专。既贵其学之能专，尤更贵其人之能通。故学问所尚，在能完成人人之德性，而不尚为学术分门类，使人人获有其部分之知识。”读至此，肯定有人认为这些不正是新文科建设所强调的“交叉”“融合”等意思吗？是又不是，是者，道出了文科属性“不变”的一面；非者，新文科关注的是育新人，这才是中国新文科建设的宗旨。从这个意义上说，刘老师“国学与新闻写作”系列著作在古与今的维度上，本着新闻载道的学术情怀，以新闻实践为基础，以史家眼光打通古文与新闻的边界，理论与实践交流互鉴，最终落在新闻兴教化人的功能，彰显出新闻作为“业学”的新文科建设特色。

至此，再次转引《怎样写活人物》序言中的话作为结语：“国学与新闻写作”系列研究讲的是方法，更是精神，是文化。新时代需要融媒新体现，却不能失落老传统。国学中有新闻，新闻更需要国学。在传统文化中提升新媒体素养，以新素养传承古文精髓，如是，才能让党的新闻伟业更加辉煌耀眼。

是代为序。

2023 年 5 月 22 日

（本文作者为安徽师范大学教授）

让人秒懂的《人民日报记者怎样写特写》

许　辉

津津有味地读罢刘杰先生的新著《人民日报记者怎样写特写》，我似乎立刻就知道什么是特写、什么样的特写才是好的特写了。我不知道这是不是一本新闻学专著的最大成功，即让读者秒懂作者要讲什么、在讲什么和讲了什么的能力。

举个例子来说罢。《庄子 · 山木》里有一段文字，这样写："阳子之宋，宿于逆旅。逆旅人有妾二人，其一人美，其一人恶，恶者贵而美者贱。阳子问其故，逆旅小子对曰：'其美者自美，吾不知其美也；其恶者自恶，吾不知其恶也。'阳子曰：'弟子记之！行贤而去自贤之行，安往而不爱哉！'"

这段文字，译释成现代汉语，是这样的："阳子到宋国去，住宿在一家客店里。客店老板有两个小妾，其中一个长得好看，另一个长得难看，长得难看的地位尊显而长得好看的却地位低下。阳子问这其中的原因，客店老板说：'好看的是她自认为好看，我不觉得她哪里好看；难看的是她自认为难看，我不知道她哪里难看。'阳子说：'学生们记住了噢！品行好又能舍弃自夸的举动，到哪里不讨人喜欢呢！'"

用本书中刚学到的的知识来套用，从文体角度看，这段文字不仅是一篇特写，还是一篇人物特写，还是一篇有特定时代背景的人物特写，还是一篇现场感很强的人物特写，还是一篇带对话特征的特写，还是一篇道德立场鲜明的人物特写。这都是本书带给我的联想、引申和启发。虽然我的理解有可能不严谨，甚至有偏颇，但毫无疑问，从一个不专业的读者的角度看，我从这本专业书里立竿见影地学到了让我难忘的知识。

《人民日报记者怎样写特写》的内容和思路，远比我断章取义的内容和逻辑丰富且立体。本书约略分为四大部分。第一部分介绍特写的前世与今生，第二部分讲述古今特写短篇的题材和种类，第三部分通过比较看特写短篇的特点和要求，第四部分分析古今特写短篇的手法和创新。拿第二部分特写的题材和种类来说，又可细分为人物特写、事件特写、工作特写、会议特写、时令与节庆特写、情景特写，等等。我前文引用的《庄子 · 山木》的文字，就是在阅读此章内容时产生的联想。大致上做一个套用，自感至少在形式上是恰切的。这大概就叫学以致用吧。

常规性的写作者是很难写出《人民日报记者怎样写特写》这样的专著的。因为作者至少要有数十年中国权威媒体一线新闻实战的厚实经验，要有数十年贴近社会现实对纪实文学一以贯之的热爱、钻研和写作积累，要有数十年对中国古代纪实类文体的酷读与搜梳，要有高校新闻学院专业教学实践的训练与熏陶，且不说做任何专业研究和实战近战都必须具备的勤奋、灵性和聪慧了。当然，我不是说不能，而只是说很难。没有上述几方面的长期积累、养护和提升，是很不容易做到行文时的游刃有余、选材时的分寸有度和评述时的拿捏得体的。

《人民日报记者怎样写特写》是刘杰先生“国学与新闻写作”系列的第三本。该套丛书的一大特色是国学，即借用中华优秀传统文化中相类文本的主题、内容、语言、形式等，来观照和丰富当代话语体系中的特写这一文体形式。以前我们说这是古为今用，现在我们说这同时是中华优秀传统文化创造性转化、创新性发展的一部分。中国优秀古代典籍蕴含极其丰富的思想内容和极具个性的文化思维特征。这种转化和发展不仅是思想的、道德的、价值观的，也是语言的、文体的、形式的，还是思维方式的；不仅是文史哲的、新闻学的、社会学的，还是方方面面的。“国学与新闻写作”系列正是在这一方面，做了十分有意义和有意味的成功尝试。

我与刘杰先生友好数十年，一直不断地从他的言谈举止中汲取做人、做事的营养。这套丛书的出版，也更加强化了我对刘杰先生的一贯认知。“国学与新闻写作”系列现在已出版三本，前两种分别是《怎样写活人物》和《人民日报记者怎样写纪事》。三本书各呈特色。但细细研读便可发现，比起前两种来，这本《人民日报记者怎样写特写》分类更明确，条理更清楚，内在逻辑更彰显，例举的边界更明晰。这说明作者的著述意识进一步自觉，结构能力进一步升华，整合多类型知识的才华进一步彰显。因此，虽然不知刘杰先生下一本书是什么专题，但在我的内心里，已经是翘首以待着了……

2023年5月15日于合肥南艳湖竹柏簃

（本文作者为中国作家协会全国委员会委员、中国作家协会全国散文委员会委员、安徽省作家协会第五届主席团主席）

目录
CONTENTS

古今比较看特写短篇的特点和要求

特写短篇的古今表现手法和创新

特写的前世与今生

新冠疫情中小特写展示大主题

《参考消息》2020 年 2 月 5 日通栏大标题《中国打响疫情防控人民战争》，外电纷纷称赞中国在习近平主席指挥下，与时间赛跑，与病魔较量，坚决遏制疫情蔓延势头，有信心战胜病魔，取得全面防控胜利。可是，那些天里，人们越是呆在家里，越想得到外边的消息，微信圈成了与外界信息相互传递的最大来源。然而信息纷飞，真假难辨，更让人心生忐忑。于是关注主流媒体报道，成了每天的必需。笔者和许多人一样，早上一睁开眼就在网上看党中央机关报，晚上一到七点就要打开电视机，看中央新闻联播。

中央的精神是必须了解的，各地动态亦是必不可少，特别是“全国新冠肺炎实时动态”，每天的升或降，格外令人揪心。然而更为感人、更为难忘的还是那些新闻报道中的真实故事，作为一位老新闻人，更多心动的就是抗击疫情中一个又一个新闻小镜头——特写，以及与特写巧结良缘的短视频、音频等可观可感的新闻事实播报。

它们大多来自抗击新冠疫情第一线，又快又活，新鲜真实，是最能帐触人心的短新闻。笔者注意到，这种短平快的报道模式很得受众青睐，因而各家媒体，包括新媒体大都开设了这样的新闻栏目——“一线抗疫群英谱”，或“来自抗疫一线的报道”等，而《人民日报海外版》开设的栏目为“众志成城控疫情”，栏目名称与众不同，报道作品也与众不同，一开栏就赢得爆棚好评。

这不，微信公众号很快推出一篇评论文章，为海外版喝彩，其标题特别吸引眼球，叫作《小特写大主题，这样的稿耐看》！文章开门见山，异乎响亮地叫了一嗓子：

> 翻看近日《人民日报海外版》，一版显著位置推出的“众志成城控疫情”专栏赫然入目，眼睛一亮。
>
> 专栏刊出的稿子，有时一篇，有时两篇。篇幅都不长，一题一文，一文一事，故事性强，读来有味有趣。

文章列举了《杨伟光“千里走单骑”》《朱家兄弟和2万斤西芹》两篇稿件，分别刊登在2月6日和7日的《人民日报海外版》头版。前者说的是香港居民杨伟光千里驱车送10多箱口罩到温州，后者写的是从柳州往武汉抢送蔬菜的故事。两稿短小，每篇仅四五百字，文字简洁，内容集中，确实是一题一文，一文一事，事虽不大，却真切感人，读来颇富有趣味。此处不妨照录如下。

先看《杨伟光“千里走单骑”》：

> “什么，10多箱口罩只能托运一半？往返两趟太耽误时间，这怎么能行！”
>
> 2月3日，站在香港机场托运柜台前，香港居民杨伟光急得满头大汗。眼前2万个口罩，是他的合伙人、温州兆丰商贸城有限公司董事长杨雪组织员工从日本、新加坡、瑞士、意大利等国采购的。现在要从香港转运温州，却遇到麻烦。

托运有限量，快递不准时。大家各国采货费尽周折，前方又急缺物资。“绝对不能让物资耽误在我手里！”怎么办？杨伟光一咬牙，决定：当一回“长途快递员”，开车送回去！

他驱车到皇岗口岸，赶在闭关前抵达深圳。内地和香港两种驾照、两种车型，他在口岸另行租车，用内地驾照行驶深圳到温州路段。

导航提示，路程1150公里，大约要开16个小时。已是下午6时，走夜路是必然了。杨伟光随手从口岸便利店拿了几瓶水几包饼干，出发！

几小时后，他过深圳经潮汕入福建。没吃热饭，连续驾驶，泉州、福州、莆田、宁德……4日中午，驱车18小时后，杨伟光终于完成了“千里走单骑”的任务，抵达温州泰顺高速路口。

（2020年2月6日《人民日报海外版》 记者 柴逸扉）

此篇特写可谓短小，连标点符号一起才460余字。虽然短小，但情节生动，看似一件小事，却显示着人间大爱，此间又跌宕起伏，紧张时令人喘不过气来，舒缓处又透出十分的坚韧。一面是急需防疫物资，一面又是着急得只能托运一半，最后干脆开车送达，结果又是两地不同驾照，两种不同车型，上千里路程，一个人的奔波，其精神实在是难能可贵，而这一切都在极为短小的篇幅中展现，以精彩的描写吸引着读者。

可喜的是，评论文章列举的另一篇小特写《朱家兄弟和2万斤西芹》，篇幅也是同样短小，满打满算510余字，却也同样主题重大——与武汉防疫大事紧密相关，而且故事同样一波三折，即一面是疫区缺菜，一面是菜农朱家兄弟自愿捐赠的2万斤西芹如何运出。俗话说，千里送鹅毛，礼轻情谊重，而广西与武汉相隔又岂止千里？菜新鲜，路程远，农药检测、收割装箱，一样又一样难题又如何化解？结果，短小的篇幅，重大的事体，简洁的叙述，精巧的文字，整个儿组成了扣人心弦的短小篇章：

“听说武汉缺菜，我们几兄弟马上决定捐2万斤西芹。”朱平生说。

朱家兄弟，是柳州市柳江区的菜农。几经辗转，朱平生联系到广西商务厅建设处，提交捐赠材料后开始等待。2月1日傍晚，好消息传来，广西商务厅接受捐赠，果蔬2月4日拉到南宁集结！

“可是10吨菜如何运输？农药残留检测能否在收割之前就做？运到南宁检测不合格咋办？”朱平生又有了新的担心。

对于他的顾虑，广西商务厅对接人耐心指导。最后，朱平生联系上了圆通快递解决运输问题，柳江区农业农村部门2月3日到田间抽样检测，两块地西芹均为合格。

马上，等候在菜地的10多名亲友和工人，甩开膀子开始收割。正值春雨潇潇，有人穿着雨衣收割、搬运、装箱。没穿雨衣的，就拿泡沫箱盖在头上。

雨不停地下，道路泥泞。朱平生忙碌到天黑，直到3日晚20时才装箱打包好，但一算仅200多箱，重量就1万斤出头，离2万斤还差一半。

时间太紧，为了赶上这次专列，朱平生联系商务厅：余下的能否下次集中运输时补上？他得到肯定答复。

4 日 6 时 30 分许，朱平生家里 5 个年轻人和几名工人，加上 3 名快递工人，冒雨两个小时又将 207 箱共 1 万余斤菜装上了车……

（2020 年 2 月 7 日《人民日报海外版》 记者 庞革平 李纵）

不难看出，无论是杨伟光“千里走单骑”，为温州同胞送上抗疫口罩，还是朱平生兄弟“雪中送炭”，助解武汉缺菜难题，都表现了众志成城控疫情的感人精神，的确是小特写体现了大主题。但就新闻而言，如果将两个动人的小故事写成消息，恐怕只能是一句话新闻，如果写到大通讯里，也只能是个小小的事例，而巧妙地写成小特写就不一样啦，立马成了质地完美而易于传播的艺术品，成了备受读者关注的好新闻。因而也就引来了评论者的由衷感叹，读者给了个大大的点赞，认为是“小特写大主题，这样的稿耐看”。评论从非常专业的角度指出：“从体裁上说，上两文属于小特写的体裁。这种体裁篇幅短小，内容集中，文字简洁。”然而“别看它短小，但从内容上却反映大主题”。所以说，“倾注笔墨，只写一件事，不枝不蔓，写得细致。两件都是具体‘小事’，但却生动反映了一个大主题：众志成城控疫情。”评论进一步指出：“篇幅较长的鸿篇叙事，在报道中也经常用。但要看时看事而定。长篇通讯，固然可观。但也容易把‘肉埋在饭里’。而小特写，则把‘肉’突出呈现在人们面前，一睹为快。在当下快节奏的情况下，人们喜欢后者。”

评论也不是长篇大论，同样说得到位。人们为什么喜欢短文、特写，就因为它把埋着肉的东西去掉了，肉香迷人，看得到，闻得着，吃得上，能不喜欢？特别是在非常时期，能将具体的事情，又快又好生动活泼地告诉读者，从一个个小故事中感知整个战役的进展，心里自然会踏实许多。如果只是文件下达，战役部署，阶段汇报，那就会枯燥得多，难以满足读者想知、快知、尽知的欲望。

在以后的时日里，《人民日报海外版》不仅天天推出小特写，而且有时三篇四篇的组合推出，比如2月12日推出了一组四篇小特写，《16天里的10秒拥抱》《“这个时候必须上”》《“多想脱了防护服好好抱抱他”》《五层楼间的对话》，稿短而且美，读者称好，一组见报稿全上了中宣部“学习强国”学习平台。时任人民日报编委、海外版总编王慧敏（2021年5月履新光明日报总编辑，现任光明日报社社长兼总编辑）在公众号里由衷赞叹：“这几篇虽短小，但耐咀嚼。”笔者当时看了以后也不由“批阅”了一句话，说：“文短情深，读湿了眼睛。”

能不让人泪目吗？且看：

16天没见面的年轻夫妻，丈夫是民警，一直在防疫监测点执勤，妻子是医院护士，接到单位紧急通知，马上去武汉增援，两个月的女儿只能送到奶奶和外婆家。丈夫唐文斌接到妻子汪燕萍的电话，说：“单位紧急通知，我马上要出发去武汉增援了，你好好的，等我回来！”报道说，其实是她主动报名要去的。放下电话，唐文斌心里很不是滋味。旁边同事看不下去了，主动替他顶了班，催他赶紧去见老婆一面。唐文斌赶紧跑去买了两大袋巧克力和暖宝宝。记者注重记录下这样一个生动细节：“汪燕萍出征了，大巴车来到新安江高速入口。车门一开，见到了等在这里的丈夫。东西递到老婆手里，唐文斌哽咽着说了一句话：‘饿了吃巧克力，冷了用暖宝宝！’然后，是一个只有10秒钟的紧紧的拥抱。”疫情肆虐，为了抗疫，夫妻俩已经16天没见面了，此一别还不知何时再相见，亦不知能不能再见面。此情此景，如同生离死别，读小特写《16 天里的 10 秒拥抱》，谁不泪眼扑簌？

《“这个时候必须上”》是第一人称式的小特写。记者通过采访整理，记述了湖北孝感姑娘黄洁在疫情防控中的情感故事。因为疫情，春节回不了家，一个人在深圳过年。哥哥打来电话说，他开始低烧了，因此把所有的账号告诉了妹妹，还说“一旦有事，爸妈就托付给你了”。然后看到亲戚圈里的“白衣天使们”全上了一线，两个表姐、一个堂姐，都是护士，有的在孝感，有的在黄石。本不属于感染科的堂姐报名去支援感染科，她问堂姐怕吗。堂姐说：“怕，怕极了。但这个时候必须上！”远在澳洲的另一位堂姐，也行动起来，组织了南澳洲的湖北同乡会进行医疗物资募捐。记者活灵活现地记录下姑娘原汁原味的话语，通过一个家庭对防疫所做的贡献，讲述了全民抗疫的感人故事，一篇小特写，句句叩击读者心弦，击中读者泪点。

《“多想脱了防护服好好抱抱他”》更为暖心：乐乐妈妈已确诊感染新冠肺炎，7 个月大的乐乐也因核酸检测呈阳性，紧急转到武汉儿童呼吸内科隔离病房，值班护士张萌成了乐乐的“临时妈妈”。乐乐一直在哭闹，张萌去哄他。没想到，在怀里抱一会儿，孩子就不哭了。为了安全，张萌必须做好防护，不能跟确诊患儿太亲近，面屏、口罩、护目镜、手套、脚套等“全副武装”。记者记下她的内心独白：“我只能搂紧一点，让宝宝感受到我的体温，感觉到有人在抱他。”看着乐乐，她想到自己一岁出头的女儿，体重和乐乐差不多，抱着乐乐就像抱着自己孩子一样。从住进医院隔离宿舍起，她有一周多没见自己的孩子了。她说，“我多想脱下防护服好好抱抱他啊！”医患情深，读之岂不令人怦然心动。

还有那篇《五层楼间的对话》，短短三百多字，记者记下了一件特令人心疼的事情。丈夫在深圳一家医院工作，婆婆回了四川老家过年，身为中部战区总医院肾病内科医生的邵紫韫，被抽调到感染病区，负责发热病人咽拭子标本采集，同时负责几位重症患者救治。因为怕传染，她只好把 9 岁的女儿川川送到同事家中。邵紫韫工作的发热病区和同事家相距不到 300 米，抬眼就能望到。每到吃饭时间，邵紫韫就从食堂打好盒饭，放到楼下，让川川下楼取。每天下班，她还要站在楼下跟女儿“隔空对话”。川川是个孩子，一开始，哭闹总是少不了。邵紫韫慢慢发现，孩子渐渐懂事起来，对自己的工作也越来越理解了。“一听川川喊‘妈妈，你真牛’，我的压力和紧张都烟消云散了。”如此一个特写镜头，一句稚嫩童语，被记者细致描述下来，就变成了揪心小故事。

读着这些小特写，如同身临其境，就在眼前，既为之感动，又顿觉心里特别踏实。人们会想到，有这些人在奋斗，在拼搏，疫情就肆虐不起来，一时猖獗，也是能够战胜的。所以有人曾发出感慨，中国人民是幸福的，任何时候都有英勇的人们保护他们。正是如此短小生动的新闻故事，给全国，也给全世界传递着信心和勇气。有媒体还将上述小故事制作成了短视频等，传播更广，效果更佳。

同样是《人民日报海外版》，同样是“众志成城控疫情”栏目，之前 2 月 5 日的那篇《最长的单人行李托运单》更为感人，并由此引来网友一片叫好。不为别的，就因为故事感人，也因为故事讲得精彩。稿子篇幅虽略为长些，千余字，但叙事更有艺术性，文中接连三个设问，可谓一波三折，扣人心弦，愈加折射出新闻事实进程中的云谲波诡，愈加体现出新闻故事中的深刻意蕴。

小特写一开头就特有黏性，后面主体叙述上又别有机巧，为通观其中新闻写作的奥秘，特全文照录如下：

“紧急求助：明后天有人从米兰飞往温州吗？有一批防疫物资急需带往文成……”1月29日上午，意大利“华人街”网站登出一条帖子。

发完帖，身为网站运营总监的赵建斌依然心急如焚。前两日，听说家乡疫情日趋严峻，他和米兰多名文成籍侨领紧急组织筹集10万只口罩与2000件防护服，准备捐往国内。可一打听，快递手续非常烦琐，不知何时能到。

时间不等人！怎么办？

在中国驻米兰总领事馆和米兰国航的帮助下，大家有了新方案：以托运方式“人肉”带回。

可是，谁来托运？

帖子发出不到半小时，赵建斌手机响了。一个陌生来电：“你好，我可以回去一趟。”电话那头接着介绍，“我叫傅勇克，老家温州永嘉。本打算2月回国进货，那就提前走吧！”

人有了！赵建斌顾不上高兴，立即将傅勇克拉进一个名为“速递口罩”的微信工作群。看完情况介绍，傅勇克暗暗吃了一惊，要托运的箱子可不只是自己以为的两三个，而是上百个！

航班定在1月31日中午。1月30日晚，傅勇克从博尔扎诺启程前往米兰。车到半路，手机上跳出的一条新闻让他的心瞬间沉了下去：“意大利确诊两例新型冠状病毒感染的肺炎病例。总理孔特宣布，意大利进入国家紧急状态。中意直飞航班将全面停飞。”

妻子的电话紧跟而来：“别去了吧！你要去了，想再回来就麻烦了！”

“小傅，明天你还能走吗？”“去不了没事，别为难！”“速递口罩”微信工作群里，赵建斌和其他侨胞的留言一条接着一条。

“去，为了家乡拼一把。”傅勇克回复。车子继续前行。

1月31日上午9时，米兰马尔本萨国际机场。赵建斌与其他6名侨胞守着10多辆手推车，早早等候。手推车上摞满了贴着“情系家乡”红色字条的纸箱。

前一晚，突然紧张的形势让大家伙儿无心合眼，召开紧急会议之后，7人决定：“如果小傅明天决定不走，我们就‘抓阄’，谁中了，就无条件放下手头工作，带物资回国。”所以，他们每个人口袋里都揣着各自的护照。

9时15分，傅勇克背着双肩包，风尘仆仆赶到。望着这个大步走来的身影，侨胞们的心放松了，眼眶湿润了。

两个小时后，103个箱子全部托运完成，傅勇克与大家握手告别。中午12时30分，中意直飞的最后一个航班CA0950冲上云霄。

13个小时之后，北京时间2月1日上午10时30分，傅勇克经停北京，落地温州。在机场，他将一张贴满行李托运单的白纸，交到前来接机的温州市文成县侨联主席胡立帅手中。

“103件全部到达！谢谢大家！”

“任务完成！”

没多久，“速递口罩”群内先后蹦出胡立帅和傅勇克发送的两条消息，紧接着是货车装满纸箱的3张照片。

7个时区之外，米兰天还没亮，赵建斌长出一口气，在微信朋友圈上传了送机时拍下的托运单照片，并写下这么一句感慨的话："这一定是史上最长的单人托运单！"

（2020 年 2 月 5 日《人民日报海外版》 记者　严瑜）

比较上述几篇小特写，这篇特写有点儿长，1470 字。但读起来，一点都不觉得长，而且还会津津有味地读下去。因为有故事，有情节，有起伏，可以说是一波未平一波又起。也许搁现在，不算什么大事情，可当时口罩是稀缺的防疫物资，身处异国他乡的侨胞，心系家乡，紧急筹集，又急需托运，能否如愿送到父老乡亲手上，确实是件十万火急的大事。稿子紧扣时间、人物、突发事故，接连发出三问：时间不等人，怎么办？可以"人肉"托运，谁来托运？因突然确诊两例新型冠状病毒感染病例，意大利进入国家紧急状态要"封国"，还有没有人愿意回国？越是火急，越是不断遇到难题，接连三问，令人提心吊胆，也更加透视出新闻事实的紧要，体现了事件不同凡响的意义，同胞情，异域情，血脉相连，情谊深厚，也更加体现出报纸栏目"众志成城"的要旨。

读者跟着故事走，读到困难处，仿佛真想伸出手去帮衬一把。当镜头摇曳，看到米兰天还没亮，一条微信圈显示出那张长长的托运单，看到赵建斌那句感慨万千的话语："这一定是史上最长的单人托运单！"如同影视最后推出的巨大字幕，道出了小特写的标题，更让读者和赵建斌一样，如释重负，长长出一口气。这就是此篇特写叩击心弦、引人入胜的魅力。

难怪时任人民日报海外版总编的王慧敏，一大早就在公众号里发出赞叹："90 后年轻记者严瑜的又一篇好稿。血浓于水的侨胞深情演绎得淋漓尽致！”副总编李舫也在其“不系之舟”公众号里感慨：“祖籍国有难，意大利华侨用‘人肉’的办法，‘背回’了103箱紧急救援物资，航空公司打出‘史上最长个人托运单’，拳拳赤子情，令人动容。”更有人跟帖说：这样讲故事，肯定吸引人，且有说服力。

笔者亦深为所动，完完整整地记录下几位网络大咖的留言，也完完整整地记录下自己阅读小特写时生发出的慨叹：“深感特写好，留言更好。此篇特写虽小，但有人物，有故事，有情节，还有细节，真正是有血有肉，有滋有味，一篇不长的短文，把同心抗击疫情的激烈战斗采写得风生水起，动人心扉。”

其实，新闻不在大小，有意义就好；故事不在长短，描述得动人就好。特别是在危难时期，越是短小的报道，越能最快最好地体现危难中的真情，激发人们积极向上的活力。笔者注意到，那几天，《人民日报海外版》每有特写推出，大都会被中宣部学习强国平台推送，在更广大范围激发出更大热情。如此看来，特写不小，一样解渴，一样过瘾，一样管用。这就是新闻特写为什么备受读者青睐，生生不息，有着极强生命力的堂奥。

诞生于战火中的花朵

如果将新闻报道比喻为战争，特写就是战场上传递信息的轻骑兵，是快速穿插的特务连，是克敌制胜的特种部队。其实，说起新闻特写，它就是炮火中诞生成长盛开的花朵。因为小而机动灵活，因为小而随时生成，因为小而传递迅速，又因为小，亦便于受众阅读。这就像前线传来的战事电报，简短、清晰、快捷，一目了然，而且较之战事电报，又因为有故事，有描述，有血有肉，生动传神，而更吸引人，感染人，打动人。

疫情期间中央各媒体动员，数百名记者成为最可爱的逆行者。随之，一篇篇前线报道，如同战地通讯，发回各自媒体。《人民日报海外版》不断推出的特写，以小见大，以微胜长，在读者中产生强烈反响，成了最为亮丽的疫情战地风景线。

一些学者研究表明，特写有着悠久的历史，有着蓬勃的生命力，在漫长的发展过程中，不断枝繁叶茂。彭朝丞所著《现场短新闻写作概要》中指出，从历史上看，这种报道方式并非始于今日，在我国的无产阶级新闻报业史上早就具有一席之地。由毛泽东同志作为主要奠基人的社会主义新闻事业，诞生于激烈的阶级斗争中，发展成长于烽火连天的战争年代。只需翻翻抗日战争、解放战争时期我们党的报纸，就会读到许多来自前沿阵地的精短而鲜活的特写报道。

彭朝丞先生讲得没错，在过去的中小学语文课本上，人们就曾读到过抗日战争时期的《消息树》《鸡毛信》，以及解放战争时期的《西瓜兄弟》《共产党员刘胡兰慷慨就义》等特写短章。不久前，在人民日报内部刊物《金台通讯》（2019 年第 11 期）上，笔者还读到著名新闻前辈季音先生撰写的回忆文章，讲的就是他和战友张明先生，当年作为战地记者，跟随部队在解放战争中所采写的关于表的故事。季音先生深情地写到，手表人人喜爱，如今人们都有只表，可在战争年代，在人民解放军队伍中，表是很稀缺的，只有指挥员有怀表或手表。在作战时为了准确掌握时间，表不可少。围绕着表，季音先生讲了两则当年有关表的耐人寻味的故事。那是因为他和张明两位老前辈，都不约而同地写到表的同一题材。季音先生采写到的表的故事，发生在 1948 年 6 月 18 日解放开封的时候。开封战役的守敌是国民党军二〇六师，这个师的几个高级将领在开封城北高大雄伟的龙亭底层建造了一个地下室，他们严令下级官兵死命抵抗解放军的猛烈进攻，自己却躲在地下室里，外面炮火连天，洞里安然无恙。战斗结束后，解放军战士搜索战场，才发现了这个隐蔽的密室，几个国民党军高级将领一个个垂头丧气地被解放军战士押了出来，此时少将旅长张洁突然拿出一只表，匆忙塞给押解他的一个解放军战士，不料遭到对方断然拒绝，那战士厉声说："谁要你的表！收回去，老老实实跟我们走！"少将旅长碰了一鼻子灰，不觉面红耳赤，悻悻地把手表塞回自己的口袋里，他一声长叹："这个仗还有什么打头。"季音先生说，这则战场上的小插曲，后来被他写进了有关开封战役的报道里。

而另一个表的故事，由张明先生写成了短通讯《桌上的表》，刊登在 1948 年 4 月 18 日《人民日报》二版，后来收录到徐占焜先生选编的《中国优秀通讯选》。说是通讯，其实就是篇小特写，仅仅四五百字，却描写细腻，意味隽永，颇耐咀嚼。季音先生在回忆文章里深情地说，《桌上的表》这篇短通讯，由新华社华东前线总分社发到了总社，后被延安新华总社发表了，受到一致好评。这是怎样一篇小特写呢？有必要摘录出来以飨读者：

> 洛阳东城门里靠路南有一幢楼房，当我们的部队突进城后，少数敌人仍凭这幢楼顽抗，最后两个突击队的战士首先冲上了楼，发现敌人已经逃走，房主人早已吓得不知躲到哪里去了。楼上静悄悄的一个人也没有，房内放着漂亮的花被、崭新的皮包和许多衣服，在一张方桌上，还放着一只钢壳怀表，雪白的表面，漆黑的表针，在灯光下看去，还不到12点钟，细小的秒针正在嘀嘀嗒嗒地走着。
>
> 战士们在楼上搜寻了一会儿，没有发现武器弹药一类的东西，就急忙出去了。之后，这个楼上来来往往的战士很多。楼上的东西仍原封不动地放在那里。
>
> 巩固突破口的任务完成后，三连被命令在这个楼上休息。那只嘀嘀嗒嗒走着的怀表吸引了一部分战士的注意，三排副排长王保生说："打仗就是需要表，可是这只表我可不能拿。"说了后没有动一动那只表。其余的同志也纷纷议论说："纪律是自觉的，楼上的东西少了，咱连要负责。"正议论时，副指导员庄建礼来了，战士们问："副指导员，你看这表好吗？"庄副指导员拿出小刀剥开表壳一看，崭新的表芯镶着四颗宝石，确实是只瑞士好表，看完后，表又原样放回到桌子上。
>
> 部队出发了，副指导员检查了执行纪律情况，楼上的东西丝毫未动，那只钢壳表依然放在桌上，嘀嘀嗒嗒地走着。

季音先生写进大的新闻报道里的表，和《桌上的表》，事情都不大，仅仅是战场上的小插曲，但同样反映的都是一个大的主题，即生动地反映了解放军严格遵守三大纪律的情况。季音先生在回忆文章里深情地说，其实，这类事当年在解放军部队里是相当普遍的。在战争年代，“三大纪律八项注意”是部队指战员们的行动准则，人人都牢记不忘，一丝不苟地执行，他们把维护群众利益放在第一位，遵纪守法，已形成了自觉的道德规范，因而获得广大人民群众的拥护和支持，从而揭示了为什么人民解放军会攻无不克、战无不胜的深刻道理。所不同的是，季音先生采访到的“表”作为一个事例，写到了大的报道里面，成了被“埋”在其他材料中的“肉”，而《桌上的表》不光一直“摆”在桌上，而且因为特写独立成篇，简洁精美，鲜活可爱，成了愈久弥香的新闻“小腊肉”。

细读一下《桌上的表》，真是篇精巧可人的小美文，是篇颇耐品味的小特写，体现了新、特、巧、深、美的几大特点。新是刚刚发生的事实，特是表现形式为小特写，巧是说角度精巧，深指的是寓意深刻，而美是说报道语言精美。小特写求短，但短不是目的，短文也要为了明理，有的文章大声地把道理说出来，有的故事借事说理，故事说完了，道理则不言自明。其实，特写越短越难写，越短越要讲究技巧。《桌上的表》就特讲究技巧，运笔中先是由楼外到楼内，由漂亮的花被，再聚焦到桌上的表，接着极言表的精美，特别突出描写细小的表针正在嘀嘀嗒嗒地走着，而且文中三次出现“嘀嘀嗒嗒地走着”的特写镜头。表是特写记载的事实，表是纪律的象征，表体现了战争胜利之根本。为了突出解放军铁的纪律，不可战胜的铁的意志，在镶着四颗宝石的瑞士好表面前，特写又多次使用对比反衬笔法，体现解放军指战员自觉遵纪守法的道德规范。比如“楼上来来往往的战士很多。楼上的东西仍原封不动地放在那里”，副指导员在查看了表确认是块“瑞士好表”后“原样放回到桌上”，部队出发检查了执行纪律情况后表依然放在桌上。可以说，每个动作，每句对话，都紧扣表的主题，正可谓文笔优美，描写细腻，特点突出，回环往复，简洁生动，文理清晰，意义非凡，不愧是“受到一致好评”的新闻小特写。

战争年代，这些纪实性的短小新闻为什么备受欢迎？一是它们来自第一线，二是真实可感，三是写作精妙。它既可以形象地记录有重大影响的新闻人物，又可以寓政治思想和政策观点于生动活泼的细小事件，还可以用于鞭笞落后、揭穿丑恶行为。写人栩栩如生，纪事生动感人，揭丑鞭辟入里，读之有文字优美的分享，又有新鲜事实的满足，还有思想深处的触动，这样的特写报道怎能不让人心生喜欢？

革命岁月，局势不断变化，随军记者也和战士一样，常常与时间赛跑，夜晚行军，白天打仗，炮火连天，刚得到点素材，又要转移战场，有时就在行军途中疾速地把采访到的新闻写好，想写长也长不了。同时又不能因为时间紧促而粗制滥造，材料得之不易，战士爱惜弹药，不会随便打出一枪，为的是“每一颗子弹消灭一个敌人”；随军记者格外珍惜难得的新闻材料，把每一个新闻事实都尽量写好，让每个短通讯都能成为鼓舞人们的精神食粮。当然，由于战地条件差，时间紧，有时也就不大讲究什么固定新闻模式，不论通讯、特写，或者消息，还是速写、随笔、记者来信，甚或是内部参阅等，事实准确，拿捏得好，文从字顺，看着舒服，就是好的报道，对战地新闻来说，机动灵活、又快又好地报道出去才是最佳选择。

古文运动中经世致用的法宝

短而精的特写不仅诞生于战争年代，往更远处说，在古代，言官御史，军中掾吏，郡议曹属，遇到什么紧急事儿，也是立马命笔，拿出言之有理的奏议，使人折服的文章，或上书朝廷，或传之于世，扬善斥恶，倡道达义。那些简短文字，既要亮明自己的观点，又要有使人乐于接受的理由，特别是上奏言情，朝堂之上，诵奏时间所限，大都短小精悍，字字推敲，句句入理。在《人民日报记者怎样写纪事》专述研究中，笔者曾列举韩愈作为御史为民紧急上疏之事例，说的是唐德宗贞元十九年（803）冬，关中大地遭遇严重旱灾，死人无数，天子脚下，灾情竟无以上达。京兆尹李实邀功取宠，欺瞒朝廷，横征暴敛，使灾情愈演愈烈。身为监察御史的韩愈忧心如焚，决定上书，为民请命。为了弄清实情，他约上同僚御史张署和李方叔，下到京城附近实地“采访”，只见饿殍遍野，民不聊生，深为震撼，回到署衙，当晚便写下《御史台上论天旱人饥状》。这“状”就是纪事，亦即特写，堪称“现场短新闻”，有见闻，有议论，有建议，文虽短小，仅二三百字，却如重磅炸弹：“今年以来，京畿诸县，夏逢亢旱，秋又早霜，田种所收，十不存一。”概述之后就是所见所闻的景象：“至闻有弃子逐妻以求口食，坼屋伐树以纳税钱，寒馁道途，毙踣沟壑。”究其原因还在于：“有者皆已输纳，无者徒被追征。”为此，韩愈泣血吁请："伏乞特敕京兆府，应今年税钱及草粟等在百姓腹内，征未得者，并且停征，容至来年蚕麦，庶得少有存立。"奏折就是内参，公开报道了就是记者来信，或曰纪事特写，既要事实确凿，又要叙事有理，目的在于反映问题，下情上达。

灾情如火，如实上书，就像战时的前线报道，确实要冒极大风险。那时，素以"不平则鸣"的韩愈，不仅直言敢谏，而且在编撰《顺宗实录》中，横眉冷对朝廷上下弊端，借助"永贞革新"东风，对贪官污吏，朝内恶习，展开无情挞伐，其中《五坊小儿》就直指后宫官宦，"皆为暴横，以取财物"，无恶不作。文仅一百二三十字，却如同一个新闻短视频，有时间，有地点、人物、对话，先总述，后分镜，从"张罗网于门，不许人出入"，到"张井上者，使不得汲水"，"或相聚饮食于肆，醉饱而去"，再或者"留蛇一囊为质"，令"幸善饲之"，稍有不从，动辄"痛殴之"，"殴骂"之，其暴横以取财物，鱼肉百姓之种种丑行，暴露无遗。短文笔笔如锥，句句含愤，可谓文短劲足，声气凌厉，势如飞镖。

慨然如韩愈者，身居御史谏官之职，居其位则思直其道，确乎如柳宗元所评价，"虽死不可回也"。韩愈因据实上书京郊大旱而遭李实诬陷，被贬为阳山令，而《顺宗实录》更遭满朝宦官指责，最终韩愈因谏迎佛骨，触怒宪宗，免死而谪发潮州。其实，柳宗元亦是如此，为民代言，不计风险，虽参与革新失败遭贬柳州，仍然心系民谟，足行乡间，闻知百姓税赋过重，捕蛇者宁愿与毒蛇为伴，也不愿再为赋税所累，为官吏所逼，于是愤然挥毫，一篇《捕蛇者说》，直击时弊，千古传颂。

其实，就其写作特点来说，《捕蛇者说》也算是品位极高的现场特写。文章扣住蛇毒与苛政之毒相比较，通过访问捕蛇者，得知“吾斯役（捕蛇）之不幸，未若复吾赋之不幸之甚也”。然后则以具体事实，生动阐释“赋之不幸之甚”。特写讲究有情景，有细节，有故事，读之如临其境，如见其物，如闻其声。柳文通过主人公的述说，展示一个个画面，重点描述赋税过重，民不聊生，接着又是几个直面可感画面：其一是悍吏喝五喊六，四处骚扰，百姓惊恐不已，鸡狗不得安宁；其二是捕蛇者小心谨慎地起来查看所捕之蛇，见蛇尚在，便安然而睡；其三是心理描写，希望以此安度晚年。观其全文，柳宗元还三次写到捕蛇者的情绪变化，通过捕蛇者“言之，貌若甚戚”，“蒋氏大戚，汪然出涕”，到自述“驰然而卧”，烘托渲染捕蛇者宁愿以捕毒蛇为生，也不愿种地缴赋，从而让柳宗元甚为惊骇道：“孔子曰：‘苛政猛于虎也！’吾尝疑乎是，今以蒋氏观之，犹信。呜呼！孰知赋敛之毒有甚于蛇者乎！”因此，他“故为之说，以俟夫观人风者得焉”，即希望“观人风者”（考察民情的官员）知晓此情。“人风”即民风民情，避李世民之名讳而为“人风”。于是，面对残酷现实，正直的柳宗元愤然“贬时弊与抒孤愤”。

韩愈和柳宗元为古文大家，许多文章也都是短篇精制，在他们看来，文章在精不在长，既要言之有文，又要言之有物，无文不能传久远，无物不能济世有用。他们共同掀起古文革新运动，反对魏晋南北朝时期重言辞修饰、内容空泛的骈体文，使诗文发展的陈旧面貌焕然一新。到了宋代，又有欧阳修、苏洵、苏轼、苏辙、王安石、曾巩将古文运动进一步推进，被后世赞誉为“唐宋八大家”，而贯穿清朝一统的桐城派更为推崇之，从而形成影响深远的古文派别。

桐城古文派继承和发扬了唐宋八大家“文以载道”“文以明道”

主张，道就是伦理纲常，道就是关心民事，为了能凸显其道，行文追求“义理”之法，简而有序，流畅自然，即“文理自然，姿态横生”；同时又主张写出自己真实情感，“得乎吾心”，尽书“胸中之言”，以求“有为而作”。不仅号称“桐城派三祖”的方苞、刘大櫆、姚鼐著文简短情长，深刻隽永，有许多短章名篇传世，和方苞同时代的戴名世，亦是提倡文章要平易自然而言之有物，追求“道、法、辞”三者均备，即思想内容、结构法则与语言应当完美结合，三者缺一不可（见《与刘言洁书》《己卯行书小题序》），为桐城派的形成奠定了相当坚实的理论基础。他身体力行，不仅在史论、史传上卓有成效，著成名垂后世的《南山集》一书，而且在传序、游记上留下众多名篇，其中许多就是写人纪事的特写短篇。

说起戴名世的短篇特写，除了众多的人物短篇，就是他的《乙亥北行日记》，如果拆分开来，在今天来看，也不失为一则又一则精短新闻小特写。那是戴名世在清康熙三十四年（1695）从江苏江宁赴京途中的日记，洋洋数千言，勾画出了当时社会风俗的生动画卷，民情世风可见，众生百相毕现，在历代小品类文字中是不多见的佳品。戴名世文字讲求简洁洗练，所记全系日常见闻之事，没有惊世骇人的内容，但以小见大，以一当十，从中可见到种种社会混乱、政风黑暗的劣迹。且看日记后半期6月23日和7月2日两篇短章，如果需要加个标题的话，上则曰《夜宿东阿》，下则为《辇毂脚下》，似无不可：

明日（二十三日），宿东阿之旧县。是日雨，逆旅闻隔墙群饮拇战，未几，喧且斗。余出观之，见两人皆大醉，相殴于淖中，泥涂满面不可识，两家之妻各出为其夫互相詈，至晚乃散。乃知先王罪群饮，诚非无故。

（七月）初二日，至京师。卢沟桥及彰义门俱有守者，执途人横索金钱，稍不称意，虽襆被俱欲取其税，盖榷关使者之所为也。途人恐濡滞，甘出金钱以给之，惟徒行者得免。盖辇毂之下，而为御人之事，或以为此小事，不足介意，而不知天下之故，皆起于不足介意者也。是日大雨，而余襆被、书籍为逻者所开视尽湿，泥涂被体，抵宗伯张公邸第。

戴名世的日记虽是“灯下执笔书其大略”而成，但分开来读，却是一则则精彩的小短篇，也完全符合新闻小特写的特点和要求，如果以此为脚本，还能制作成短视频等融媒产品。这是因为戴名世的日记中有故事，有画面感，还有深刻的社会意义。23 日的日记属世态小事一件，但在几十个字的小记中，至少四个人物的形象跃然灵动，即两人互殴，两家之妻互骂，还夹杂着酒徒的拇战声、喧闹声、打斗声、醉而斗殴于泥淖中的撕搏声，诚然绘形绘声，如在眼前。然而在作者看来，事虽小，但关涉世风，由此他想到周武王《酒诰》的惩戒群饮，“乃知先王罪群饮，诚非无故”，其背后的道理极其深刻，进而提示出世风日下，民心暗淡。

其实，世风与政风密切相关，接下来的一则日记，又是一最好印证。戴名世七月初二日到京城门外被敲诈勒索的记录，正好揭露了“盛世”官吏横行霸道的一个侧面。颠簸了一个多月，戴名世到了“辇毂之下”，来到卢沟桥、彰义门两个关卡，受到如狼似虎的盘查敲诈：守城门的官吏“横索金钱”，“虽襆被俱欲取其税”，可见政风混乱到了何等地步。作者想到的是，“辇毂”——京城脚下尚且如此，或者还会被视为“不足介意”的小事，其实天下大乱之变故，正是“起于不足介意者也”。须知戴名世大小算是个举子，衣冠中人物，入京投靠的又是当朝礼部尚书张英，竟然也被弄得翻箱倒箧，书籍衣物狼藉满地，那普通百姓更会苦不堪言了，政风如此腐败，天下还能坐得稳吗？如此有思想，有画面感的特写，怎能不为读者所喜爱呢？

所以说，凡纪事写人之古文短章，无疑与新闻报道追求写短、写精、创新、求实之精髓，有着异曲同工之妙。我们今天所读到的精美古文类选有《古文观止》《晏子春秋》《吕氏春秋》《淮南子》《世说新语》等，其中大都是美文短篇，既言简意赅，妙趣横生，又大道明义，直达人心。

历史是昨天的新闻，新闻是明天的历史，众多典籍故事亦是写实纪事，大抵是昨天的新闻。不说别的，取自《三国志》《魏书》《吴书》《蜀书》等历史经典的《世说新语》，篇幅均不足千文，有的仅一二十或上百字不等，却故事新颖，事实真切，说理晓畅，文采飞扬，一扫魏晋浮华靡丽之风，让人读之或击股叫好，或颔首称妙，足可叹为当下新闻特写之楷模。这些在本文以后的论述中，亦会分门别类地引述研究，以期用古文论启发新闻特写写作。

非常情况和重大活动中的奇葩

从古至今，凡为百姓着想，为读者考虑，都会为文精短，好读有用，更宜于传播开来。特殊时期，譬如战争、灾情、疫情突至，民情大如天，及时鼓与呼之，上下尽知，堪为头等大事。也就是说，在那样紧急的情势下，没谁有时间看那洋洋洒洒的长篇宏论，需要的应是短而精美的特写短篇。古亦如此，今更亦然。特别是重大灾祸来临，时间紧迫，条件限制，来不得长篇冗文，不允许啰里啰唆，更不允许糊弄交差。比如1998年特大洪灾，包括长江、嫩江、松花江等，全国29个省（区、市）遭受不同程度的洪涝灾害，2.23亿人受灾，死亡4150人，直接经济损失达1660亿元。特别是长江洪水，是继1931年和1954年两次洪水后，20世纪发生的又一次全流域型的特大洪水之一。受灾最重的有江西、湖南、湖北、黑龙江四省，地处长江中下游的安徽也难逃洪灾之害，而长江又数湖北武汉为重中之重，保卫工业重镇大武汉成了当时最响亮的口号。那时有种说法，如果保不了大武汉，将使中国倒退20年。

回想当年，洪水面前，人命关天，全国紧急动员，各地齐心援助，部队受命迅疾上阵，据说当年长江流域抗洪，是渡江战役以来我军在长江沿岸投入兵力最多的一次重大行动。笔者是最早赶赴一线的记者，和安徽沿江抗洪军民一同投入生死之战，起先发出的报道全是短小篇什，有消息，有通讯，也有新闻图片，怎么快，怎么好，就怎么做。

那时，《人民日报》开设了“来自防汛抗洪第一线的报告”，7月30日头版头条推出沿江四省抗洪报道，四篇消息，篇篇恰似战地短讯，但文短却均不失文采。从标题上看，就觉吟之斐然：《江西战洪峰守大堤确保安全》《湖北严防死守送走洪峰》《湖南洪峰过后不解甲》《安徽构筑铁壁迎战洪峰》。各篇报道既有总体概况，又有精彩细节，结字妙巧，构句含情，既具体、准确、生动，又凝练而不抽象，简洁而不干瘪，将抗洪前线所见所闻，所有情感，全部凝聚在精短的新闻作品中。

从四省组合稿可以看出，这是编辑部统一策划，虽是指令稿，却都不是应付之作。首先是记者奔赴抗洪抢险第一线采写的新闻，再者是倾注了心血采写而成，最后是时间紧迫，由不得长篇大论的铺开，每篇都是精准短小的电文，是来自抗洪第一线的特写。《安徽构筑铁壁迎战洪峰》消息稿件仅300字，是笔者第一时间到达沿江抗洪前线，跟随着抗洪大军的脚步，看灾情，访抢险，查资料，字字句句全是实实在在的“干货”，不干瘪，不粗糙，准确精致，如同古文中写人纪事，笔笔含情，句句有意，将灾情人情有机融合在一起，堪称抗洪抢险的鼓动器和动员令。且看：

本报合肥7月29日电 （记者刘杰）今天，长江第三次洪峰进入安徽。在416公里的皖江两岸，103万抗洪军民齐心协力，奋战在皖江大堤。

今天凌晨5时，安庆市下辖的沿江县市区开始普降大到暴雨，加之上游不断来水，上午8时，安庆站水位为18.39米，超警戒水位2.31米，超1983年最高水位0.44米。安庆市已出动民工41.9万人，2000多名武警、解放军官兵奋战在抗洪大堤。

上午，记者随省委主要领导冒雨来到安庆市广成圩大堤、同马大堤，只见汹涌的江浪拍击着堤坝，大堤上搭满了抗洪工棚，穿着各色雨衣的民工捞石护坡，抬土固堤，运砂防渗。紧靠广成圩的海口镇，1954年因大堤溃决，全镇淹没，1983年田园又被水淹，这次虽然接近1954年水位，但由于堤防工程质量高，民工防守严，大堤安然无恙。镇党委书记韩道寅表示："保堤为国，保堤为家，我们有信心、有决心做到人在堤在。"

（1998年7月30日《人民日报》）

不用说，这是篇消息报道，但又是饱满活泼的战地特写。西方新闻追求消息散文化，此报道也不失为一篇散文化消息。第一段虽是导语，却有大场面描述，以后两段，更是灾情和抗灾行动的具体表现。特别是记者现场看到和听到的情景，更是感人至深：汹涌的江浪拍击着堤坝……抗洪工棚……民工捞石护坡……还有历史回顾，前后对比，镇党委书记的慷慨誓言，的确是不畏艰险奋勇抗灾的特写镜头啊！

大灾当前，鲜活生动的特写是最不可缺少的报道形式。在一个多月漫长的抗洪报道中，记者全力以赴，倾情投入，采写出一篇又一篇前线新闻，许多精短报道依然以特写见长，如《"指挥棒"的故事》《洲头"救学"记》《"淹平"何以变安平？》等，及时有效地报道了安徽军民奋勇抗洪抢险的精神风貌。大水过后，又是生产救灾和灾后恢复性报道，同样也是以短小有力见长，比如短新闻《帮助灾民选新址》，还有记者来信《长江沿岸灾区急需御寒衣被和庵棚》等。

说到记者来信，大多是问题性报道，在古代属于奏议、传状性文体，对上当为“内参”，对外即是公开性报道。韩愈《御史台上论天旱人饥状》，就是直接上达之奏折即为“内参”，而记者来信则为公开性问题报道，往往从标题上就可以看出是问题反映。不过，无论是内参，还是公开报道，都要既讲问题，又要求生动，事实过硬，形象具体，才能打动人，感染人。韩愈的上论“内参”如同一篇小特写，笔者的记者来信《长江沿岸灾区急需御寒衣被和庵棚》，也是生动具体的特写笔法，因为只有如此才能打动编辑，又打动读者，引起更为广泛的关注。且看“来信”如下：

编辑部：

天气转凉，遭受洪水袭击的长江沿岸受灾群众急需御寒衣被和过冬庵棚。记者在安徽受灾最重的宿松县看到，许多灾民穿着单衣，住在临时搭建的只有一层塑料彩布的棚子里，虽然吃饭、看病无虞，但难避风雨、难御寒冬。

记者在同马大堤外护圩堤坝上，看到路边盖满了一个个简易庵棚。村干部介绍，7 月底，为了保住同马大堤，住在圩堤上的群众主动拆房，加上滑坡倒房，全村 283 户有 54 户成了无房户，有 131 户房舍遭到毁坏。这些群众只好自己搭起简易棚子。记者看到，棚子大都是木棒和竹箔扎起来，外加一层塑料薄膜，只能遮阳、挡点小雨，无法避风挡寒。62 岁的胡桂生老人说：“原来的 4 间房全部倒了，84 岁的老母借住到亲戚家去了，自己和老伴带着 13 岁的女儿在棚子里已住了两个多月，以后天凉可就难熬了。”

被一场特大洪水冲得房倒屋塌的河塌乡张畈村，133 户农民的房子全部倒塌，乡里统一盖起了塑料彩布棚，加上民政部门救助的帐篷，使他们有了临时居处。乡里还发动全乡捐款捐衣，解决了这些群众暂时的穿衣难题。见到村民陈海荣、范富贵和五保老人张友才时，他们感谢党和政府救了他们的命，一致反映目前最需要的是棉衣和过冬庵棚。

宿松全县成灾人口达31万多人，其中被水围困的人口3.26万人，被水围困的行政村43个，房屋全倒户3246户，山区山洪暴发又造成1.5万人无房无衣。全县已紧急搭建起5000多个临时庵棚，民政部门救助了一些帐篷，但是难解决过冬难题。现在急需解决的是搭建过冬庵棚所用的油毡、木材、铁丝、铁钉、石棉瓦等约2000多万元的建筑物料；目前，住庵棚的3万多群众，尚缺棉被和棉衣。

（1998年9月7日《人民日报》）

大洪灾过后，水毁修复、生产自救，还有防疫和过冬问题，都是火上眉梢的大事情，其实从抗洪抢险开始，每一步都不能放松，新闻报道必须步步跟上。所以，进入9月份，天气转凉，再看到受灾群众还住在简易棚里，还穿着单衣，那过冬御寒问题就变得刻不容缓。心里装着百姓，就会像抗洪抢险一样，拿出最为有力的事实报道，为受灾群众鼓与呼，其最好的报道形式当然是又快又好的特写式的记者来信。从上述文字可以看到，报道有体现灾情的数字，更有现场看到的一个个真实画面，有一个个活生生的人物，更有具体而急需的救灾衣物和材料，合起来就是生动可感的现场新闻。这和内参一样会把基层问题反映上去，报道出去，争取更为广泛的关切和援助。

如同当年全国支持武汉抵御洪灾，为支持武汉抗疫，仅部队和各省、自治区、直辖市驰援的医务人员就达4万多人，大难当头，这些最美的“逆行者”，成为人民群众最可信赖的保护神。因而，各家媒体有关白衣天使的新闻，特别是那些文短情浓的特写报道，除本文开头提到的新闻佳作，还有许许多多刊播在各家媒体上的特写故事，闪现在各种新媒体上有声有色的精短特写和视频，形成声势浩大的立体新闻流，成为最能打动人，最为吸引人，也最能给人传递信心，传递正能量的强大新闻舆论场。

如果没有战役行进中的精彩记录，就不可能有血肉丰满的宏大记载；如果没有抗洪抢险中朵朵浪花的描绘，就不可能有后来气吞山河的历史画卷。处在风口浪尖的观察记录者们，最有着风雨如磐的切身体验，随时随地把那些难得的体验记载下来，必定会具有触目惊心的直观画面感。人们的阅读欲望，往往需要画面感的冲击力，身临其境才会让人经久难忘。

历史行进中，需要这样的记录；战争年代里，需要这样的记录；重大灾情时期，需要这样的记录。至于庄严郑重的政治家活动，依然需要这样生动鲜活的现场记录，只是要看记录者有无能力创造出更为崭新独特的优美短章。

君不见，全国两会，党和国家领导人国内视察，以及国事访问，往往都是事先细致谋划，届时按部就班，所有报道依照程序化部署，要么是固定的消息版本，要么是事后跟上个特大通讯，统一由新华社发稿，各家媒体以同样版式刊发。然而，让人惊喜的是，2019年，在《人民日报》上，有一种崭新的报道形式轻盈而鲜亮地飘落在读者面前，一篇篇灵动活泼的现场短新闻令人耳目一新。这些冠以“微镜头”

的新闻报道，既凸显了“微”的特征，谋篇短小，有的几百字，有的千字左右，又有着“镜头”魅力，有人物活动，有场景描写，读上去，如在目前，如处事中，感同身受，分外好看。不妨以《去嘎查，路怎么走？》为例，这是习近平总书记全国两会上参加内蒙古代表团审议的“微镜头”：

完成了乡亲们的托付，吴云波心里一颗石头落了地。

他是内蒙古自治区通辽市扎鲁特旗巴彦塔拉苏木东萨拉嘎查党支部书记兼村委会主任。来北京之前，大伙嘱咐他，见到习近平总书记，一定要把问候带到、把邀请带到。

3月5日下午，人民大会堂，吴云波就坐在总书记对面。轮到他发言了，一开场他就说道：“我们基层的牧民都很喜欢您，都为您点赞。”发言结束，他又高声补充了一句：“村民们发自内心地邀请您到嘎查看一看。”

总书记笑着问：“去嘎查，路怎么走？”

“飞机、火车、汽车都可以。”听到吴云波这个笼统的答案，会场响起了一阵笑声。

“给我指指路。”总书记说。

“从北京飞到科尔沁通辽机场，然后……我们可以接！”会场的笑声更浓了。

其实，总书记思虑的是辽阔草原上长久以来“出行难”的事：“通辽市区距离你们那儿有多远，交通方便吗？”

“方便！坐车一个半小时就到了。”

如果到嘎查，可以请总书记看什么？吴云波盘算了好多个点。

发言时，他介绍了嘎查的全面脱贫，讲到下一步的乡村振兴，立志要实现更大发展。

“你们打算办一个产业观光旅游基地，主要是什么形式的？”习近平总书记对吴云波说的发展项目颇感兴趣。

“很有特色的民族文化！还有我们正努力发展的现代畜牧业，也可以看一看。”

总书记鼓励他把品牌打出来。讲话时，总书记又强调说：“要探索以生态优先、绿色发展为导向的高质量发展新路子。”

两个小时转瞬即逝。审议结束了，习近平总书记和代表们一一握手。看到吴云波，总书记笑了：“我对你说的牛肉印象很深。”

“请您给我们做做宣传。”吴云波抓住机会，拿出一个日常佩戴的胸牌，上面写着“玛拉沁艾力养牛专业合作社”。

玛拉沁艾力是“牧民之家”的意思。合作社成立5年，改变了嘎查的面貌，让77户建档立卡贫困户全部脱贫，全村走上了绿色发展的致富路。

总书记接过胸牌，端详了一下，亲切地说：“希望你们的合作社越办越好，一定要把路子走对！”

（2019年3月6日《人民日报》 记者　杜尚泽）

单看一眼标题，是不是就有欲知、快知的阅读冲动？记者的“镜头”对准了坐在总书记对面的嘎查支部书记吴云波，他跟总书记对话毫无拘束，一开口就说：“我们基层的牧民都很喜欢您，都为您点赞。”发言结束，他又高声补充一句：“村民们发自内心地邀请您到嘎查看一看。”话语中不乏农牧民的诙谐，更有着拉家常的近乎。如果总书记笑笑，或者点点头，也就算了，也许就不会有什么新闻了。但记者现场看到，总书记笑着问："去嘎查，路怎么走？"嗬！有戏，新闻来了，标题也来了。"飞机、火车、汽车都可以。"听到吴云波这个笼统的答案，会场响起了一阵笑声。"给我指指路。"总书记说。看，这多像是坐在炕头上的闲唠嗑。行笔至此，记者适时点明主题：其实，总书记思虑的是辽阔的草原上长久以来的"出行难"大事。吴云波不光回答了交通方便了，而且还有许许多多好看的地方，产业观光旅游基地，特色民族文化，现代畜牧业，都可以看一看。新闻最后写道：两个小时转瞬即逝。审议结束，总书记和代表们一一握手。看到吴云波，总书记笑了，亲切地说："希望你们的合作社越办越好，一定要把路子走对！"

记者就在现场，遇到如此场景，自然会格外留神，观察得细，记录得清，把握得准，文字如行云流水，放得开，收得起，既富有快节奏，又显得很紧凑；既有大道理，又显得特亲切。可以说，此稿完全是一篇记者用心抓取的特写，是一个十分难得的"微镜头"。说实话，如果记者懒一点，就不会有如此活灵活现的现场特写了。这样的重大活动，通稿是必有的，可贵的是，记者在现场却没闲着，一观察，二记录，三动手，于是才有了读者有滋有味的阅读美餐。为了此部新闻特写卷的专题研究，笔者曾致电记者询问采访体会，问其"微镜头"是不是一个创新，一种探索，有无采写技巧，没想到记者回答得很平淡：自己只是一个记录者，完全是被现场氛围所感染，所打动。两会报道，过去都是大镜头、大侧记什么的，其实每天现场有挺多鲜活的内容。她说，我完全就跟数据还原似的，不过是如实记录下了新闻现场，还原了当时动人场景，记录了历史的那一美妙瞬间。总书记的平易近人，时时为民着想，群众发自内心的拥戴，共同审议国家大事，也说家常小事，场面和谐，意义深远，记录下来就是极为难得的历史镜头。

诚哉斯言。在庄重的会议上可以捕捉到灵巧的新闻，在国事活动中照样会抓住别样的风情，有心的新闻记者，于风云际会的国际舞台上一样会游刃有余。还是这位记者，还是2019年，于3月21日至26日，在随总书记出访意大利、摩纳哥、法国欧洲三国时，随手又摘取了几朵大西洋欢乐跳跃的浪花，生动展现了大国领袖在国际舞台活动中的风采。短短几天，行程何等紧张，而记者神速地“掬水月在手”，接连发回五篇“微镜头”，集结成了领袖出访的最美花束：

3月24日，《人民日报》头版刊登了两篇“习近平主席访问欧洲微镜头”，一篇是《做中意友好的桥梁》，一篇是《“欢迎你到中国去”》。前一篇略微长些，一千字多点，但文字简洁，紧扣友谊之主题，先从双方最关切的事情入手，后又延伸到更深层的历史意蕴：

> 临近中午，意大利总统府镜厅，结束了会谈的两位元首并肩走进来。记者席上，快门声、播报声此起彼伏。
>
> 这是习近平主席2019年首次出访。21日傍晚抵达罗马，22日一早来到总统府，欢迎仪式、会谈、共见记者……活动环环相扣。
>
> 国旗前摆放了两个高脚讲台。两位元首站定，按共见记者惯例，东道主——白发苍苍的马塔雷拉总统率先致辞。他望着身旁的习近平主席：
>
> “中国一个化工厂发生爆炸事故，我对遇难人员表示沉痛哀悼……”
>
> 江苏响水“3·21”爆炸事故震惊了中国，也让中国的朋友

为之哀叹。

随习近平主席专机一同“降落”罗马的，还有他对这起事故第一时间作出的重要批示。意大利媒体评价道：“即使身在意大利访问也关心这起事件”；“习近平主席要求尽最大努力挽救生命”。

此刻，面对马塔雷拉总统的关切，面对中外媒体的镜头，习近平主席语气沉重：“感谢总统先生对江苏响水化工厂爆炸事故中遇难人员的哀悼和对伤员的慰问，这体现了总统先生和意大利人民对中国人民的友好情谊。我在飞机上第一时间听到这个消息以后，立即指示国内尽快进行各种应急救援处理，最大限度地减少人员伤亡……”

翻开历史的尘封，中国汶川地震，意大利拉奎拉、阿马特里切地震……废墟救援、家园重建，中意同舟共济的情谊，在时间长河里积淀。

罗马街头报刊亭，《晚邮报》上习近平主席署名文章的大幅报道让许多行人驻足。“中意友谊扎根在深厚的历史积淀之中。”他引用了意作家莫拉维亚的一句话：“友谊不是偶然的选择，而是志同道合的结果。”

欧亚大陆另一端的北京，习近平主席给罗马师生回信的消息登上报纸头版。这群选择了学习中文的青年，也因此推开了人生一扇新的大门，他们的梦想里有了多彩的中国。习近平主席在回信中勉励他们，做新时代的马可·波罗。

出访途中谈及此事，习近平主席说：“我想当年的马可·波罗，通过古丝绸之路促进中欧文明的沟通交流，意义是深远的。一代代友好使者追随他的足迹，做中意友好的桥梁。中意都是热爱和平的国家，我们也肩负着赋予本国人民美好生活的使命。我们要延续这份历史的责任。”

此名为微镜头，其实就是特写镜头，通过场景和对话描写，突出意大利总统对中国江苏化工厂爆炸人员伤亡的哀悼和慰问，引申到过去地震救援、家园重建中的同舟共济，再回放到两国报纸对历史事实的发掘，以及国家主席意义深邃的期待，延续历史的责任和对美好生活的使命担当，体现了特写虽“微”而意义深远，同时又因为“微”而“特”在媒体版面上能够更为突出地体现出来。

不妨作些假想，如果不是用微镜头的方式，也就是说，不用特写的方式，写成通讯会是什么样子，好不好突出表现出来？如果写在大的报道之中，又是什么样子，能不能看到此番特殊的意味？恐怕都不行！通讯需要较为厚实的材料，仅仅一些对话，一个场景，一番回顾，显然是不能称其为通讯报道的；假如写在大的报道里面呢，那只能是一段材料交代，有时甚至还不好写进去。事实上，记者此次抓取的多篇“微镜头”特写作品，在综合报道中大都没有得到表述，唯有“微镜头”弥补了这一缺憾，这就是特写所无可替代的独有魅力。

另一篇“微镜头”《“欢迎你到中国去”》，从篇幅上看，更显其“微”，连标点符号一起，仅有486字，但“微”而不小，比较上一篇而言，其主题愈显重大，并以其重要的思想性，更加彰显出小特写的精气神：

“最后，我有一个好奇的问题，不知能不能问一下？”

22日下午，意大利众议院，习近平主席同众议长菲特举行会见。临近结束时，“70后”的菲特突然抛出了这句话。

全场目光注视着他。

“您当选中国国家主席的时候，是一种什么样的心情？”听到众人的笑声，菲特补充道：“因为我本人当选众议长已经很激动了，而中国这么大，您作为世界上如此重要国家的一位领袖，您是怎么想的？”

习近平主席的目光沉静而充满力量，他说，这么大一个国家，责任非常重、工作非常艰巨。我将无我，不负人民。我愿意做到一个“无我”的状态，为中国的发展奉献自己。

稍作停顿，他继续讲道，一个举重运动员，最开始只能举起50公斤的杠铃，经过训练，最后可以举起250公斤。我相信可以通过自己的努力，通过全中国13亿多人民勠力同心来担起这副重担，把国家建设好。我有这份自信，中国人民有这份自信。

“欢迎你到中国去！看看一个古老而现代的中国，看一看勤劳智慧的中国人民。”

收到习近平主席的邀请，菲特朗声答道：“我一定会去的！”

读了这篇“微镜头”，是不是给人现场感特强的感觉？好像就参与其中，仿佛听到菲特突然而有趣的提问，听到众人友好的笑声，看到习近平主席的目光沉静而充满力量，领略大国领袖坚定自信的回答，以及菲特特别高兴的朗朗应声。这就是特写镜头，现场气息浓郁，读者受众如同走进了会见场所，不仅如见其人，如闻其声，而且又不是一般的情景描写，不是一般的现场记录，记者通过自己心灵感应，提升了现场的磁性吸引力，进而传达出重大的思想主题，让读者受众从中得到阅读快感，享受到特写新闻的思想感化。

这样的微镜头，后来在3月26日的《人民日报》头版上一下又推出了三篇。分别报道了习近平主席会见意大利总理孔特、摩纳哥亲王阿尔贝二世、法国总统马克龙。三场活动都有消息和新闻图片报道，也都写进了大的通讯里面，但其间富有特点的会见花絮，限于篇幅和消息通讯图片特点限制，也许不能一一展现。但是，记者在三场活动中，又敏感地捕捉到三个“微镜头”，从而写成细微而含有深意的小特写，给读者受众留下美好愉悦的深刻记忆，体现了新闻消息、通讯和图片所难以达到的特有效果。

且看：23日孔特总理会谈并出席签字仪式后，又特意安排了一场中国文物归还场景，那是意大利文物宪兵解救的来自中国的考古发掘文物，汉代彩绘茧形壶、唐代陶骆驼……796件，跨越了5000年历史，饱含着历史的沧桑，两国领导人心生感慨，聊到了历史，聊到了文明，记者更是充满激情，一篇“微镜头”《“我们对时间的理解”》，瞬间穿越时空；24日，虽是周日，马克龙夫妇热情迎接老朋友，还精心准备了一份国礼——1688年出版的首部法文版《论语导读》原著。17世纪，这本书由法国人弗朗索瓦·贝尼耶翻译，如同打开一扇思想大门，在欧洲大陆激荡久远。“文明因交流而多彩，文明因互鉴而丰富。”习近平主席轻轻接过书，仔细端详：“这是一份珍贵礼物，我们会好好珍藏。”记者不由感慨道：“时光驻足，墨迹记载了东西方文明在悠久历史中的一次相遇。”于是，特写《一笔宝贵的财富》生动记录下了这一难忘镜头；更难得的是，因为有了“微镜头”，也让国土面积2.02平方公里的摩纳哥，在国际舞台上留下了精彩记录，一篇小特写《“对一个国家的评价，不能只看面积”》，成为读者受众所喜爱的新闻微品。

那些天，同众多关注国家主席出访的读者一样，笔者亦倾情于随访记者来自异国政治舞台上的一篇又一篇“微镜头”，有时忍不住还在报纸上眉批几句，说一下对新闻微品创新的感受，虽谈不上精辟，但都是有感而发。比如看过《做中意友好的桥梁》，笔者感觉是“从最关切处入手，友谊贵在志同道合”；比如《“欢迎你到中国去”》，笔者认为“以一个‘好奇’的提问引入，笔法上单刀直入，不加铺垫，一竿子到底，一步到前台，意义更深邃，引语字字充满含金量，更映照出大国领袖的家国情怀”。比如《一笔宝贵的财富》，笔者认为是“一篇富有深意的‘工笔画’，‘工’在出神入化的谋篇布局，‘工’在饱含深情的文字表达”；比如《“对一个国家的评价，不能只看面积”》，则感慨“就像对新闻作品不能以长短论之一样，短新闻同样可以产生大影响，那就要看是不是用心用情做出有着厚重质量的作品”；比如《“我们对时间的理解”》，慨叹记者“带着感情的文字，声情并茂，议论风生，每个字句都在服务于以微见大的宗旨”。这一段又一段随手评点在“微镜头”上的文辞，其实就是笔者对新闻特写情有独钟的赞赏和体味。

果不其然，笔者之后不久看到，有关研究机构对人民日报这一系列“微镜头”给予了高度评价，认为是“见微知著，以小见大，‘微镜头’里孕育大乾坤，小切口也有大文章”。研究者特别提到《“欢迎你到中国去”》，说会见将要结束时，面对意大利众议长菲特突然抛出的“意外”话题，“微镜头”里瞬间拉近了镜头，推出一个大大的特写画面：“习近平主席的目光沉静而充满力量”，一句“我将无我，不负人民。我愿意做到一个‘无我’的状态，为中国的发展奉献自己”，面对“突然抛出”的话题，看似寻常而平静的回答，更能展示出大国领袖的崇高追求和使命担当。不用说，这样的“微镜头”，无疑也最能吸引受众眼球，拨动受众心弦。据研究者透露，人民日报客户端、微博、微信均以《习近平：我将无我，不负人民》为题推送全文，瞬间引爆网络，全网点击量过亿。其中，仅在人民日报客户端、微博、微信的点击量就超过 2000 万，跟帖评论近 2 万条。在这方面，人民日报融媒体，借助互联网，让“微镜头”释放出海量般效应。

为什么“微镜头”会产生如此巨大反响？研究者分析认为有三点：一是“微”话题中见大义，二是“微”场景中见大道，三是“微”篇幅中见大势。总之是“微”而不“薄”，“短”而有“力”，“小”中见“大”，“细”中传“情”。这是“微镜头”系列报道抓眼球、触心弦的精髓所在，也为更多媒体报道创新实践提供了学习参考的范本。更为难能可贵的是，研究者强调，“微镜头”是“以简洁生动的笔触还原现场细节，以亲历者的视角呈现独家花絮，与宏大叙事的主题报道互为补充、相得益彰，为领导人活动提供了一个全新维度”。

这一点非常重要，重大的活动需要宏大叙事的主题报道，无论是全国两会，还是国事活动，以及国内视察，领导人的活动总少不了体量宏大的主题报道，重要的精神，非凡的意义，都要在主题报道中展现出来。但仅此还不足以满足读者受众亲近现场的好奇需求，如何抓取那些重大活动中极不寻常的细小情节，以接地气、有底气、冒热气的文字语言呈现出来，在细微情景中展示领导人的人民情怀、人格魅力，那同样是读者受众迫切需要的珍品。新时代需要更多的“微镜头”，需要更多以“小”见“大”的小特写。

平常生活里依旧展现奇异风采

其实，不仅战争年代里，紧急状态下，以及重大活动中，需要来得快、写得好、用得着的短小特写，就是在平常生活里，一样需要新鲜活泼的“微镜头”，需要生龙活虎般的小特写。只要记者用心捕捉，用情写作，常规性活动，以及看似平常的会议，同样能整出显示“大气象”的小特写，或“微镜头”。这样的成功事例并不鲜见。在新华社著名记者郭玲春笔下，一个会议的开幕式，一次大型的座谈会，一部书的出版或即将出版，一场不寻常的晚会或一场寻常的演出，一次新闻发布会或格式最为刻板、沉重的追悼会，经过她妙手而成新闻，就会变得水灵鲜活，趣味盎然。她的实践表明，会议不但可报，而且会议还可以出好稿；会议消息也不再是死板老套，而是可以像散文那样优美好读。她的《金山追悼会在京举行》因此摘取了 1982 年中国第四届好新闻一等奖的桂冠之后，又有《全国优秀新闻工作者表彰大会在京开幕》等会议新闻接连获得大奖。且看这两篇不同凡响的会议报道，两篇以消息形式体现出的特写效果。

先看她 1982 年改革会议报道上的大胆尝试，是如何开始她第一次的特别“冲刺”。她说，会议消息格式最为刻板、难变，正因为此，她寻求着改变，在遵循新闻规律的基础上，借用散文笔法，把特写的场景、人物、事件引入，最终给了读者一生动活泛的全新阅读快感：

新华社北京7月16日电 鲜花、翠柏丛中，安放着中国共产党员金山同志的遗像。千余名群众今天默默走进首都剧场，悼念这位人民的艺术家。

“雷电、钢铁、风暴、夜歌，传出九窍丹心，晚春蚕老丝难尽；党业、民功、讲坛、艺苑，染成三千白发，孺子牛已汗未消”，悬挂在追悼大会会场的这副挽联，概括了金山寻求光明与真理，为人民鞠躬尽瘁的一生。人们看着剧场大厅里陈列的几十帧照片，仿佛又重睹他的音容面貌：他成功地塑造的爱国诗人屈原的形象，他在电影《松花江上》的拍摄现场，他为演《风暴》与“二七”老工人谈心，他在世界名剧中饰演的角色，他在聆听周总理的教导，他与大庆《初升的太阳》剧组在一道……他1911年生于湖南。1932年加入中国共产党，自此献身革命，始终不渝。

音乐声中，人们默念着他的功绩。三十年代，他在严重白色恐怖中参加中国反帝大同盟和左翼戏剧家联盟。抗战爆发，他担任上海救亡演剧二队副队长，辗转千里，演出救亡戏剧，尔后接受周恩来同志指示，组织剧团远赴东南亚，向海外侨胞作宣传。解放前夕，又担负统战工作。他事事以党的利益为重，生前曾对他的亲人说：“我首先是一个共产党员，演员是我的第二职业”。

……

夏衍在悼词中称金山的不幸辞世，是我国文学艺术界的重大损失……

他半个世纪前便结下革命情谊的挚友阳翰生在追悼大会上说，是党造就了金山，是党把他培养成革命的、杰出的人民艺术家。

与金山一起工作、生活过的大庆人，惊闻噩耗后，派代表星夜兼程，来和他的遗体告别。在今天的追悼会上，他们说，金山是人民的艺术家，人民将会怀念他。

文化部长朱穆之主持追悼会。参加追悼会的有习仲勋、王任重、胡愈之等。（略有删节）

这是则消息，但却能读出不一样的味道。什么味道呢？不再是呆板的、老一套程式化的那种新华体报道味道，而是改换成了一种散文式的“姿态”，将一些生动活泼的场景写入稿子中，凸显了人物在报道中的活动。开篇处先是“特写镜头”：鲜花、翠柏……安放着……遗像……悼念的人群。然后镜头推出“全景”：意味深长的挽联，几十帧体现主人公人生旅程的图片，还有音乐声中人们对主人公革命功绩的深情默念；接下来是夏衍、阳翰生、大庆人的简洁而真诚的评价，悼词“化”入场景描写中，避免了大段事迹材料的摘引，画面由“静”而“动”，多了人情味，少了呆板气。这种另辟蹊径的报道模式，就是引进特写笔法，使固有的令人生厌的新闻文体，有了别样的文学味道，因而引起一片赞扬。

同样地，郭玲春采写的关于1984年全国优秀新闻工作者表彰大会的报道，也是因为追求特写笔法，体现散文效果，力求给人新鲜活泼的阅读感受，得到了读者“拍手叫绝”的由衷赞赏。有读者给新华社新闻业务编辑部写信讨教，提出郭玲春同志为什么总是能把一般的新闻事件写成不一般的新闻报道的问题，并希望记者本人来回答这个问题。此信引起郭玲春沉思，她说，某些模式化的报道是过于沉闷，而让人厌倦了。我和我的同行不甘于此，已开始将一些生动活泼的场景写入稿子中。世界上没有完全相同的事物，我们的新闻也应当无止境地从中去发掘“宝藏”。

郭玲春所说的宝藏，就是不断追求创新，总想写出点新奇来，在看似平常的会议上，认真观察着大的背景，也不放过每一个琐细的情节，捕捉着每一句发言，乃至每一声感叹，将一个个独到的发现，精心编排在不长的稿子中，形成自己独特的而不是格式化的、生动的而不是刻板的、鲜活灵动的而不是僵硬的崭新样式，给人别开生面的感受。金山追悼会的报道是如此，全国优秀新闻工作者表彰大会的消息报道也是如此，并因此又荣膺全国优秀新闻作品大奖。且看：

新华社北京11月28日电 以新闻报道为己任的350余名记者、编辑、播音员，今天成为被报道的新闻人物。这些常年活跃于社会各阶层，反映人民群众的成就、愿望和呼声的新闻群英荟萃北京，参加建国35年来首次举行的全国优秀新闻工作者表彰大会。

出席大会的代表被誉为“党的十一届三中全会以来在新闻战线上有卓越成就的优秀分子”。当同行向他们投以敬羡的目光时，前来祝贺的中宣部副部长郁文对他们以及整个新闻队伍提出更高的要求：坚持新闻工作的党性原则；坚持辩证唯物主义的思想路线；加强知识修养，发扬艰苦奋斗的精神，争取成为“名家”。思路锐敏的优秀新闻工作者体会着这一番讲话的深意，有的记录下讲话要点。一位与会者对记者说：“讲得深刻，很有针对性。”

中国记协主席吴冷西委托副主席秦川向大会提交的报告中，向人们展示了近年来新闻战线的业绩……回顾的同时，又提出了一个引人思考的议题：在每十个中国人有一份报纸、各层次的广播电视网已初步建成、全国又面临着一场伟大历史变革的今天，新闻工作者应当是这场伟大变革的忠实记录者和热情传播者，并且要善于运用新闻手段把党的政策变为亿万人民群众的行动。他希望已为全国30万名新闻工作者树立榜样的优秀新闻战士再作努力，在改革的浪潮中改革我们的新闻工作。

党和国家领导人对大会的关注，使每位与会者受到鼓舞。彭真向大会送来贺词："向人民忠实的喉舌、优秀的新闻工作者致贺。"徐向前写道："新闻工作者要发扬党的实事求是、密切联系群众的优良作风。"聂荣臻嘱人代笔，写来一封热情洋溢的长信。乌兰夫、陆定一也题词对大会表示祝贺。宋任穷打来电话预贺大会的成功。

记者在今天的大会上还感受到一股清新的气息：这一新闻工作者的集会与加速中的社会节奏正相吻合。首都各新闻单位负责人冯健、钱抵千、徐才、徐惟诚、刘爱芝的讲话和广播电视部副部长谢文清的书面发言都言简意赅，有七个发言的整个开幕式总共进行了一个小时。

中国记协副主席王揖主持了今天的大会。

大凡会议，格式程序往往大同小异。奔走于会海报道的记者，就要在大同小异的会议报道中，善于化大同而求"小异"。特写式报道创新，就是求得"小异"最便捷途径。郭玲春成功地探索到了这种报道形式的最好结合，即在消息中运用特写手段，用活活泼泼的镜头体现，从而将枯燥乏味变得耐人寻味。导语中"以新闻报道为己任的……记者、编辑、播音员，今天成为被报道的新闻人物"，据她个人在附记中说，是一位老报人的话给了她启发，老报人说：“我们成天宣传别人，这回也该宣传宣传自己”。由此角度捕捉会议特点，铺排开去，既体现了古文开宗明义的“豹头”效果，又让各色新闻人物成为消息中的主角，摆脱了固定的程序化的会议报道框架，写出了别具一格的镜头声色，让消息报道有了新闻特写的魅力。

郭玲春不光是在消息报道形式上的勇敢探索，更体现了此次会议所倡导的改革精神，即在秦川所提交的报告中就明确提出，“要善于运用新闻手段把党的政策变为亿万人民群众的行动”，同时要“在改革的浪潮中改革我们的新闻工作”。用上新手段，必须大胆寻求改革新探索，才能改革新闻工作，实现传播新要求。郭玲春以勇于探索的精神，向会议报道“冲刺”——打破固定模式，嫁接特写笔墨，生发出新鲜活泼的阅读体验。

郭玲春的成功就在于，她敢于向老式消息报道模式“冲刺”，不按照划定的老框架，而是借用散文笔法，以奇巧的构思、清新的文字和深邃的主题，描写出一篇篇令人赞不绝口的优秀作品。其实这也是当时新华社号召新闻改革的大趋势，以散文体改造新华体。郭玲春为什么总是能把一般的新闻事件，写成不一般的新闻报道呢？也就是说，模式化的报道在她手上是怎样突破的？郭玲春在新闻业务上淡然回答：“某些模式化的报道（倘其中没有更多新闻）是过于沉闷，而让人厌倦了。试着略略地改换一下它的‘姿态’，即便是一条导语的更新，某个句子的变化，也会有些显眼。我的几则当日新闻，落笔匆匆，其实论不上什么好文章，之所以被你们注意，不过是多少给人一点‘换味’的感觉罢了。”

其实，正如郭玲春所说，新闻报道的路子原本很宽，这样那样的尝试都未尝不可。至于记者所出席的众多会议，有的原大多干巴，有的却倒也充满情趣，何以汇到有的记者笔下，便成了千篇一律、死板生硬的癞模样呢？在她看来，正因为“千篇一律”，使原本百灵百巧的新闻变得过于“沉闷”。为了打破这种“沉闷”，她和她的同行们开始将一些活灵活现的场景写入稿子中，而那些连篇的讲话，雷同的仪式中又潜藏着它自身的特色，全凭记者的观察与思考才能发现。郭玲春说得好，世界上没有完全相同的事物，我们不妨带着读者一齐走进采访现场，去听去看去感受那使人振奋或引人遐思的氛围。

“带着读者一齐走进采访现场”，这话说得太好了！记者就是要有读者受众观念，多想想读者受众喜欢什么样的新闻作品，哪怕是不得不去报道的常态性的东西，也想办法弄出点新模样出来，给读者受众以“换味”的感觉，那才是记者所应有的姿态。如果有这种态度，有这种创新意识，有这种犟脾气，新闻报道的路子就一定会很开阔，这样那样因“换味”而不一样的新作就会不断涌现。如果是在融媒体的今天，那将会涌现出更多有声有色的新品。

在过去的新闻生涯中，笔者也曾努力改变会议报道样式，使看上去没有什么新意的会议，变得有意义起来，从而让一些崭新的会议特写报道脱颖而出。为此应编辑部之约，还写过业务研讨文章《“会海”中寻觅美丽的贝壳》，总结出了一些浅显体会，即会议报道也能出彩，会议报道大有可为。

会议报道要出新出彩，首先是认识上要高度重视。做党报党网党媒记者，经常参加各类会议，不报道或报道不好，大体上是说不过去的。如何让会议报道变得可爱起来，也让记者在报道中生发出激情，使读者和记者一起享受会议新闻的快感，确实是如郭玲春所说，要奋力从蚕茧中解脱，努力写出点新奇来。笔者体会，关键是要求“精”，精深的采写，精彩的题目，精练的语言，精巧的结构。正因为如此，才有了《“监督就是支持”》《“让民警们领奖”》《“好好想想入党为什么”》《特殊的新闻发布会》等会议特写新闻，有的获了奖，有的被人引去评论，一时为业界所称道。

大鼓书常说，花开数枝，各表一枝。《“好好想想入党为什么”》《特殊的新闻发布会》《“让民警们领奖”》等几篇小特写，在后面的章节中自有摘引分析，此处只说说《“监督就是支持”》。这篇会议特写是在新任安徽省省长王金山召开媒体恳谈会上获取的，也是各种“会海”中泛起的一朵小小浪花。本来是春节前的常规性会议，省长的讲话也是官样文章式的一二三四，有新闻宣传的重要作用，有维护安定团结的共同责任，有创造良好舆论环境的迫切需求等方面，为了彰显新官上任的抱负，又特别亮出“监督就是支持”的姿态。讲到这里时，他脱稿发挥，语言朴实而生动，加上他幽默诙谐的东北话，如同听到单口相声，字字句句都特别吸引人，笔者顿感入耳入心，颇有触动，于是手下迅速记录，大脑综合分析，瞬间猎取素材，当即写下题目，会后聚餐，哪还有心思去品味美酒佳肴，回到办公室立马打开电脑，一挥而就，结成短篇。且看小特写是怎么展现的：

“监督就是支持。”这是安徽省新任省长王金山在2月12日下午举行的接受新闻监督恳谈会上所讲的话。王金山说：“正确实施有效的新闻监督，是我们了解社情民意的有效途径，政府工作不光要接受法律监督、群众监督，更要接受新闻舆论监督。”

王金山强调，接受舆论监督，首先要转变观念，各级政府要以高度的自觉性，树立监督就是支持的观念。我们的新闻媒体是党的喉舌，是人民的喉舌，也是各级政府了解社情民意、接受群众监督的重要渠道和桥梁。通过新闻监督可以反映广大人民群众的呼声，发现我们工作中的不足，纠正我们工作中的问题，促进我们把工作做得更好。

在讲了新闻舆论监督工作重要性之后，王金山又就如何开展和接受新闻舆论监督讲了几点看法。他说，首先要建立稳定、畅通的联系渠道。今后省政府将以座谈会、文件交流等多种形式，及时向新闻单位通报政府意见和建议。其次，省政府也有决心从自身做起，加快政府职能转变，少开会，讲短话，使大家有更多的时间和空间，多宣传经济工作本身，多宣传一线和基层的同志。

王金山最后说，新闻舆论工作也要以大局为重，先提醒，多通气，同时要讲策略。他还要求大家顾全大局，讲究效果，总之一句话，为了党和人民的事业，共同努力把安徽的事情办好。

参加恳谈会的有《人民日报》驻安徽记者站、新华社安徽分社、中央电台驻安徽记者站以及安徽省新闻媒体和香港驻皖媒体负责人。

（2003 年 2 月 13 日《人民日报》）

就是这么一篇短小特写，没想到见报后引起很好反响。当地不少媒体对此事都作了报道，很多读者在作了一番比较后认为《人民日报》报道更精彩，给人耳目一新的感觉。省内外不少同行打电话来对稿件予以好评。《文摘周刊》等报刊转载了此稿，有人还以此为题写了篇党建言论，刊登在《人民日报》上，指出“领导干部对监督特别是舆论监督的深刻理解和支持，将会使民主监督和舆论监督发挥更加积极的作用。这，也许是新任安徽省省长‘表态’的意义所在”。

一篇小特写何以引起众多好评？笔者在《小稿也能有大影响》业务研讨文章中谈了自己的想法，认为究其原因有三。一是重提炼。新闻稿重在提炼，提炼得好，大稿见分量，小稿更显精神。此稿围绕监督就是支持，提到了转变观念的高度，提到了监督与被监督的辩证关系，以及监督者应有的态度问题，是精到的提炼使小稿变成了金蛋子。二是求精巧。要精巧必须角度小。既然是新闻舆论监督座谈会，涉及面一定很多，但特写不允许揽得太宽，尤其是小特写，更要精，更要巧。为了突出主题，此稿只选择了“监督就是支持”小角度，其他全都舍弃。况且这部分也大都是脱稿讲的，稿子写出来就没有“文件味”，显得生动活泼、朴实可读。三是抢先机。抢就不是拖。笔者当晚先给人民网发了消息，再把省长讲话全文上传人民网，接着给大报赶写出特写稿。编辑组和值班主任迅速精心处理，总编室夜班又在版面上巧作打扮，加上花边，精美好看。正因为此，无论是网上还是报纸上，人民网和《人民日报》都抢到头筹，在当地新闻界得到普遍好评。

此稿也许没有众多评论说得那样好，但可贵的是，因为是小特写，才能登上党中央机关报，也只有是小特写，才引起读者的格外青睐。如果是篇消息报道，一个省里的座谈会，说什么也不会有如此殊荣。这就是小特写独有的魅力，因为小而精，小而美，小而巧，小而主题重大，才能具有强大的生命力。所以，无论是疫情突袭的非常时期，还是战火连连的生死时刻，无论是古文运动中经世致用，还是重大活动中绽放奇葩，以及抗洪抢险灾难突然来临，还有平凡生活的日常反映，小特写短篇章，都会因为自身的独有特性，争得“苔花如米小，也学牡丹开”的一片宏大天空。

问题是，在平常的一些事情里，那些即时性极强、稍不留意就会失去的有价值的亮点，对考验新闻记者的责任心来说，显得特别重要。能不能抓到新闻，能不能出新出彩，能不能整出点道道来，无不体现着新闻人的敏感性和执着劲儿。笔者认为，既然吃了新闻饭，就要时刻在状态。就像战争年代随军记者，古代言官御史，新时代新闻工作者，非常情况下要有所作为，平常时期也要开动脑筋，有所作为。因而，如何驾驭好“轻骑兵”，做好即时小特写，拿出高超短新闻，更好地融进新媒体，确是十分值得好好研究的。

看古今特写短篇的题材和种类

由特写的前世今生可以看出，没有哪种报道形式，会像它一样如此多姿多彩，既有消息及时、简洁、明快的优势，又有通讯形象、生动、传神的特征，还兼有报告文学的写作方法上的细腻刻画和缜密描绘。也没有哪种报道形式一经面世，就如此受宠。引进的消息体裁很快成了它的融合体，吸收消化产生出散文式新闻体裁，成为生猛海鲜般的珍品，纳入舆论阵地新序列；而在中国新闻史上最早出现的通讯，因为有了它的诞生，许多场合下，竟比“老牌子”通讯还受欢迎，从而成为新闻报道中的宠儿。

这就是青春永驻的特写。

由特写的前世今生也不难看出，没有哪种报道题材是如此广泛，也没有哪种报道题材会在什么情况下都表现得如此千姿百态。疫情突袭中它会适应各种封闭，甚或突破国界，以最为快捷的方式出现在各类媒体之上，特别会以短视频方式传递着大爱和斗志；战火纷飞时它同样穿过枪林弹雨，以胜过枪炮的速度和威力，用最为传神的战斗姿态，鼓动着永远无法战胜的精神，向着敌人阵地冲锋；古文运动中它超过了诗歌、胜过了骈文和锐利的言论，成为唐宋八大家“文以载道”的有力武器；重大灾难非常时期和重大活动中，它依然最受欢迎，比较消息和鸿篇巨制来得轻巧而醒目；就是平常时期里，会议报道中也能以新鲜灵巧的特有质地，给人耳目一新的美感。

它同样是题材广泛、能担重任的特写。

因为特写的多姿多彩、身手不凡，所以才能在充满竞争的新闻报道中，以适应各类题材的特性，成为各种报道领域的多面手。特写的自身特点也决定了它适应各个时期，适应各种环境和各项活动，也决定了它的题材的广泛性，以及为各类媒体所喜爱，包括于融媒手段中也会备受青睐。

有关特写的特点和写作要求，在以后的篇章里将细作剖析，此章节主要论述特写报道所涉及的题材和种类。

正因为特写适应性强，又因其短小精悍，可以玩出十八般花样，有关特写的题材就特别多，尤为广。不要以为只有疫情突袭、战火纷飞、非常情况和重大活动，才是特写一显身手的良机。其实，在日常生活中，平常岁月里，特写依然会大展宏图。这完全取决于特写的适应题材的宽广，以及它灵性十足的自身特点所决定的。

事实是，只要你稍稍增强一点想象力和发现力，你就能在别人熟视无睹的情况下，寻找到太多的特写题材。睁大眼睛，带着思考的脑袋，观察你周围的生活，你会发现有许许多多的特写题材可写，一辈子也写不完。

之所以如此敢说，并不是什么狂妄的想法，这实际上是一个新闻观的问题。习近平总书记在党的新闻舆论工作座谈会上指出："新闻舆论的活力在于发现，眼力就是发现力。要善于观察、善于发现、善于判断、善于辨别。有些采访为什么'有眼不识荆山玉'，挖掘不到有价值的新闻，原因还是眼力不够。"习近平总书记还讲到，1939 年，毛泽东同志为《新中华报》题词就两个字：多想。要做好新闻舆论工作，"贵在多想多思，让脑子动起来、活起来，提高思考能力和抓问题能力，练就拨云见日的功夫。”习近平总书记讲话充满唯物辩证法，是马克思主义新闻观的最好实践，是寻找新闻特写报道题材的金钥匙。好题材在于发现，而发现是以观察、判断、辨别为基础。这一切又要站在党性和人民性的高度，以党和人民的利益为标准。只要站在党和人民利益的立场上，多思多想多动脑，提高思辨能力，多些问题意识，多些好奇心，必定会发现太多太多的特写素材，寻找到更多更好的特写题材。

其实说到底是要眼睛向下。好的特写题材不仅来自连天战火和非常情况，不仅来自许多重大活动，更来自平凡的生活，来自最基层的百姓。可以说，凡是有人活动的地方，就有好的特写素材。好的素材就是好的题材。有了党和人民这个准星，再加上好的分析研究，放下身段去寻求，就会有发现无数特写题材的广阔空间。可以说，凡有人情味的事实，都是特写的最佳题材。

回溯古文发展历史，无论是唐宋八大家，还是桐城古文派，他们许多传世短篇，特写名作，都是取自生活，捕捉于社会底层，以小寓大，于平常中显精深。在他们的笔下，泥瓦匠是很好的特写对象，种树能人成了有趣的特写人物，捕蛇者也是难得的特写素材，还有铲除为害一方的鳄鱼的小小举动，也成了韩愈所采写的特写题材。且看传世久远的《祭鳄鱼文》，所描述的就是挺有人情味的特写故事：

维年月日，潮州刺史韩愈使军事衙推秦济，以羊一、猪一，投恶溪之潭水，以与鳄鱼食，而告之曰：

……

……鳄鱼其不可与刺史杂处此土也。刺史受天子命，守此土，治此民，而鳄鱼睅然不安溪潭，据处食民畜、熊、豕、鹿、獐，以肥其身，以种其子孙。与刺史亢（抗）拒，争为长雄。刺史虽驽弱，亦安肯为鳄鱼低首下心，伈伈睍睍，为民吏羞，以偷活于此邪！且承天子命以来为吏，固其势不得不与鳄鱼辨。

……今与鳄鱼约：尽三日，其率丑类南徙于海，以避天子之命吏。……夫傲天子之命吏，不听其言，不徙以避之，与冥顽不灵而为民物害者，皆可杀。刺史则选材技吏民，操强弓毒矢，以与鳄鱼从事，必尽杀乃止。其无悔！（略有删节）

此为怒杀鳄鱼檄文，以议论为主，但其中又有故事，有情节，有趣味，有深意，亦堪称特写短篇。韩愈毫不吝惜他优美而犀利的语言，以拟人化的手法，俏皮却不失逼真的描述，将鳄鱼必须走开说得明明白白。在韩愈看来，“鳄鱼其不可与刺史杂处此土”，“刺史受天子命，守此土，治此民”，而“鳄鱼睅然不安溪潭”又“据处食民畜”，残害附近老百姓的牲口，扰乱大家的生活秩序。作为朝廷命官，他不肯向鳄鱼低首屈服，苟且偷生，羞辱了官位，于是向鳄鱼挑战，命其“率丑类南徙于海”，不然就“尽杀乃止”。文章短小精悍，在具体的描述中，表露了深切的爱民之心，足见民生无小事，凡百姓之事，尽可为特写题材也。

平凡的人和事，充满人情味的故事，无不是产生特写短篇的肥沃土壤。古文大家如是，新闻大家亦如是。无论是战火连天的岁月，还是改革开放时代，心里有百姓冷暖，笔下的特写素材就比比皆是。且不说《西瓜兄弟》《快乐的女社员》，就说改革开放之初，大包干给广大农村带来生机，著名新闻大家穆青和他的老搭档周原，一起到河南周口农村调查，就接连写出七八篇见闻式特写，其中有《抢财神》，更有《谁有远见谁养牛》等脍炙人口的精短新闻，老百姓的欢笑，农村的繁荣，脱贫致富的经验，都成了记者笔下最好的特写题材。且看这篇《抢财神》：

> 我们听说，扶沟县曾发生抢“财神”的事，情节非常生动。这次我们到了扶沟，就专门去访问了这个“财神”。
>
> 豫东地区像扶沟这样地方，过去种棉花都是亩产几十斤，种植技术一直过不了关，棉花不是落铃，就是虫害，结桃结得也不好。实行责任制以后，大家都要求技术员去指导。所以技术员身价百倍。
>
> 扶沟县有这么一个技术员，他名叫刘凤理，是正规农业大学毕业的，过去很长时间说他走白专道路，批得够呛。实行责任制以来，他变成最吃得开的人了，到处去抢他。他到哪个队，哪个队的棉花就增产，而且一倍两倍地往上翻，社员很快就富起来了。农民们把他的植棉技术传得很神，干脆不叫他技术员，叫他“活财神”。有一阵子农民抢得他不敢出门，只好到处躲。农民抢不到人就抢他的被子，说“我把你的铺的盖的抢走，看你上哪儿去睡觉！”于是在队与队之间又发生了被子的争夺战。从抢被子发展到抢“财神婆”——抢他老婆。农民说，有了“财神婆”，就不愁“财神”不回来。结果一两年间“财神婆”就搬了4次家。
>
> ……那么多队抢一个“财神”，有的抢不到，于是又发展到抢他的徒弟，没有多久，他的一二十个徒弟，全部抢光了。
>
> ……

刘凤理在大李庄公社培训了20个农民技术员，如今这些技术员都成了农民的宝贝，也是经常被抢来抢去。抢得最紧张的时候，有一名农民技术员，竟被锁在生产队的仓库内。

这种抢“财神”的矛盾怎么解决呢？现在有了一个好办法，就是每个农民技术员同一个或几个队订立技术承包合同，保证每亩棉花生产150斤到200斤皮棉，超产部分要抽1%，算作奖励。刘凤理现在到了韭园公社，他正在那里同一个大队订立为期3年的粮棉技术承包合同。他保证3年后，这个大队亩产皮棉150斤，按人平均每人生产粮食800斤。

这几年，各生产队跟着刘凤理这位“活财神”在植棉技术上学了几手的约有二三百人，如今这些人都被周围县的农民，作为“小财神”请了去。他们的足迹已遍布45个县市。

看样子，农村几千年来保留的传统耕作经验，正在被新的科学技术所代替。我国的农村在实行责任制之后，又开始了一个新的技术改革的进程。广大农民在辽阔田野上发动的科学进军，必将对我国四化建设带来强大的推动力。

（新华社郑州1982年11月18日电，略有删节）

这篇特写篇幅相对较长些，1500多字，超过了特写，或者说现场短新闻篇幅千字内的要求。但因为是讲故事，读起来却十分有趣，一点也不觉得枯燥乏味，没有因为篇幅较长让人厌烦，反而读来津津有味，还被收入了中学语文课本，成了学习写作的范文。两位老记者有着独具慧眼的新闻发现能力，而且采集到那么多生动感人的新闻事实，运用烘托、渲染等多种写作技巧，全文围绕一个“抢”字，突出科技的“神”字，通过一个又一个故事，一个又一个情节和细节，将新闻事实变成神奇的特写作品，从而转化为最有价值的新闻传播力，体现了伟大的时代色彩。

这不就是新闻特写报道的魅力吗？特写的魅力就是讲故事，《抢财神》的最大的特点是讲好了故事。为什么抢？因为种植棉花遇到了难题。抢什么？抢技术员，他们能让棉花增产，他们是棉农眼里的“财神爷”，因此会千方百计地抢，故事越曲折越能说明问题，越能吸引人。新华社两位头号笔杆子就围绕如何“抢”，把故事写得奇而又奇，其实不是写得奇，而是故事本身精彩，记者只要如实写来即可。这就像《〈华尔街日报〉是如何讲故事的》所说的那样：“那些真正精彩的故事，完全可以开门见山，直入主题，让故事本身来抓住读者。”穆青和周原就是讲故事的高手，高在围绕主题抓故事，直奔主题说故事，通篇特写就是“抢财神”的大鼓书。如此说书，能不让人听之着迷，阅读起来爱不释手吗？

在几十年的新闻生涯中，笔者最爱跑的是基层，最爱抓的是故事，最关心的是百姓喜怒哀乐，采写较多的也是读者喜闻乐见的特写题材。且看，有饱含农村大包干热气和露珠的《“冒富大婶”》《县委书记听唢呐》，还有改革发展中的《“建菜园去！”》《镇长“买戏”》，更有科学致富途中的《羊倌“改行”》《移民村里笑声朗》，等等。感受最深的是脚下有泥巴，眼里有新闻，处处有特写好题材，只要勤跑基层，常到现场，定会是特写题材多多，精彩纷呈。

不说别的，那带有工作性质的特写《“建菜园去！”》就别有一番情趣。这是篇非常短小的特写，记述的是合肥市政府保障市民菜篮子工程的大事情。那时候，中国经济还没有完全进入市场体制轨道，政府还要运用行政手段推进菜篮子工程建设，工作做得如何直接关系市民菜篮子丰盈与否，新闻记者必须心系市民，跟着政府同频共振。笔者兴致勃勃地写道：

4月1日。阳光明媚。一辆中巴穿行在黄灿灿的油菜花中。车上坐着合肥市财口、农口、城建口有关局办的10多位负责人。市长钟咏三不无幽默地说：“今天可不是去春游，我们是建菜园去！”

大家笑了笑。市政府副秘书长万安永告诉记者：“这几年城市建设，挤掉了不少菜地，原有菜地3万亩，去年下降到1.5万亩。市领导好不揪心！年初以来，派出了大批人马下去开发新的蔬菜基地。”

车东行20多公里，到了肥东县长乐乡旭光村，只见一个个塑料大棚在春日下闪光耀眼，阵阵蔬菜的清香扑鼻而来。支书王贤忠介绍说：“村里人种菜可带劲啦，1800多口人，就种了1400多亩菜，还建了600多亩大棚，去年人均收入1300多元，比前年增收400多元，要不是种菜咋能富这么快呢？”他指指周围又说：“你们看，大伙儿都在忙着整地育苗再开新菜地，还要建个大批发市场，再把公路修好，电话通上，建设现代化的蔬菜基地。”

“对！”钟咏三大声地接口道：“大家好好看一看，旭光村民想致富爱种菜，抓好菜篮子需要这股劲啊！各局办要出策献力，好好帮助规划建设，早日建成高标准的大菜园子。”

（1994年4月20日《人民日报》与新华社记者宋斌合作）

综上所述，特写有大题材，更有小题材，题材多多，种类亦多，古今皆然。试看，人物可入特写，事件可入特写，工作、会议、时令和情景等众多题材，都可以进入特写的神奇领地。当然，古今特写种类不同，各自特征也有所不同，现在不妨进行比较分析研究，以期在新闻事业发展中，让特写有着更为广阔的施展空间。

人物特写

人物特写主要是写人的突出特点，一个小小的侧面，一个特别的情节或细节，一个重要的小故事，都可以从中挖掘主题，展示人物形象，折射人物精神风貌，强化教育引导意义。

人物特写与人物通讯、人物纪事有相似之处，又有所不同。人物通讯主要写人的事迹和人的思想，较全面反映人物成长发展过程，对社会的贡献，以及较全面而深广的影响力；人物纪事主要是通过人物活动，突出事情的重大含义，以人兴事，寓理于事。人物特写则以写人为主，但不是全面，而只是选取一个侧面，突出一点，不及其余；人物特写也不以事为主，只通过简洁的情节和细节描写，突显人物性情，体现些许有趣事理，折射个中意义，让读者受众享受与人物相交流的愉阅情感。

人物特写是特写中的一大种类。世间万物，人是最活跃的，最能体现时代风采，影响世事教化。所以说，在新闻发掘活动中，采写好人物特写，最能体现新闻记者的思想水准和文学素养。

人物特写在发现，更在写作。发现的功力取决于记者的世事认知，更取决于记者的思想情趣，而写作则体现着新闻记者的文字素养。2021年《光明日报》开设了“说说我家的小康故事”栏目，几乎同时也开设了“中国好手艺”栏目，两个栏目都是小短篇，或四五百字，或六七百字，两个栏目都以“讲述人”出现，署名“某某采访整理”。

一样的短小可爱，一样的生动可读，但前者讲的是人的故事，大都是人物特写，而后者则均为说事，说的是非遗传承人如何执着于非遗的传承与保护，不算是人物特写，顶多归为人物纪事，或者就是一种讲述性文体。此处不妨略作些许比较：

先看“中国好手艺”栏目上的《结缘鬃人六十载》：

讲述人：

北京鬃人第三代传承人白大成

“这些戏装小人都放在一个大铜盘上，耍的人一敲那铜盘，个个鬃人都旋转起来，刀来枪往，煞是好看。”冰心在《我到了北京》一文中描写的这个场景，一直没有离开我的生活。

1959年，我有缘结识了鬃人第二代传人王汉卿先生，拜他为师，学到了全套鬃人手艺。当时，老先生已经转行，眼看着老手艺就要失传了。

鬃人，别看体量很小，制作工序却多达42道。用胶泥制成头部和底座，以秫秸作躯体骨架，内絮棉花，外着彩衣，安装手和兵器……再熟练的手艺人，一天也只能制作一个。

这些看起来都是些手上功夫，包含的戏曲和文学知识可不少。动手之前，必须对有关情节烂熟于心，知道人物扮相如何等。

画脸谱，要用毛笔细细地勾出唇、眉、眼，显出每个鬃人独有的精气神儿。做衣裳，用的是戏衣的边角料，用毛笔蘸上颜料，一笔笔勾出花纹，再把画好的坎肩、护领、斗篷，一块一块粘上去。身后的靠旗和头上的翎子，都严格遵循京剧行头的样式。鬃人最有意思的地方，就是它能动。底座上鬃毛的稀疏密度大有讲究，太密集或者太疏松，都不能让它“动”起来。此外，要有合适的排列角度，才能确保转得起来又不倒。

结缘鬃人六十多年，我摆过地摊，组织过民间手工艺品展，还应邀到法国、以色列等国家开展国际民间艺术交流。中国在世界舞台上的影响力越来越大，我对非遗传承的信心也越来越足。如今，儿子白霖成了鬃人第四代传人，孙子也能搭把手了。

（2021 年 11 月 9 日《光明日报》 通讯员王笙采访整理）

再看“说说我家的小康故事”栏目上的《我叫“陈兰香”》：

讲述人：

安徽省马鞍山市薛家洼上岸渔民陈兰香

一年前，我还叫三姑娘。你说这名字可奇怪？

1974 年，我出生，没上过学的母亲对登记户口的人说：“生了个三姑娘哎。”人家稀里糊涂也就这样登记了，“三姑娘”，就成了我的名字。

1995 年，我嫁到船上，“新房”是薛家洼上的一条水泥船。当时，我想过改名，却不知道找谁，老人们说，打鱼人改个啥名字嘛，喊着方便就行啦。

2019 年，马鞍山市里来人说，要禁捕退捕，不能打鱼了，“长江跟人一样，累了，得休息”。

但渔民没文化，下半辈子咋办？政府的人说，保证渔民上岸后有房住、有工作、有社保、有学上，还说，确保渔民上岸稳得住、能致富。

这不，政府帮俺们把工作安排好了：白天在滨江公园当保洁，晚上在江堤上巡逻护渔。好嘛，捕了半辈子鱼，现在护渔，还债来了。

政府还给俺们买了养老保险，俺又用渔船拆解补助，买了100平方米的安置房。办这些手续的时候，我就想，不能老叫我“三姑娘”，哪有姓三的？我得改名！

去年10月28日，雨山区专门派人带着我去改名字。你看，新身份证，陈兰香！叫了46年的“三姑娘”，终于有了正规的名字。

（2021年10月3日《光明日报》 记者常河采访整理）

不用说，两种短篇都非常耐看好读，而且也都搞了新媒体制作，很受读者受众的普遍好评。但就新闻体裁来说，“中国好手艺”中的短篇无疑是事实过程的讲述，而“说说我家的小康故事”则说的是人，说人的故事。讲述，是新闻写作的一个种类，讲述的是事实的来龙去脉，简洁生动，徐徐道来，但说的是事，而不是人，所以既不是人物特写，也算不上纪事特写，只能说是讲述性新闻。人物特写选取的是人在事实活动中的一个侧面，以夸张手法，起到渲染特点效果，完全是丰满而活泼的人物新闻，而且是特写镜头，属人物特写新闻。《我叫“陈兰香”》就是非常好的人物特写。作品抓住人物“改名”这一特点，从改名中体现美好生活和社会进步。过去生活窘迫，没个名字，一年前还只叫“三姑娘”。现在“长江跟人一样，累了，得休息”，政府实行禁捕退捕，让沿江渔民上岸，有房住，有社保，有工作，这才想到得有个名字，不能老叫三姑娘了，“哪有姓三的？我得改名！”这是幸福地改名。因而从此有了新身份证，上面有了正规名字——陈兰香！你看，一个改名的意义多么重大，新闻报道用一个侧面反映一个时代进步的缩影，一个人的一生聚焦到了改名这一点上，“改名”的特写镜头说明了人物最幸福的一面，所以堪称人物特写佳作。

由此看来，人物特写有几个方面的基本特点和要求，在采访写作中需要重点掌握。这在古今许多名篇短章特写中，也都有很好的范例，值得研究、学习和借鉴。

首先，人物特写要写人。人是有思想的动物。思想靠言行举动体现表达。那么，写好人物特写就要采撷好人的言行特征，在具体的言行中透视出人物的活的思想。第一位的是要发现有个性的人物，抓住有故事的人。前面所说的《我叫“陈兰香”》就抓住了有故事的人。故事就在她以前连个正规的名字都没有，过上好日子了，要有个正规的名字，这背后的深刻意义就体现了以人为本的执政理念，是社会发展进步的象征。在讲述中，主人公的语言非常生动有力，其行动也是干脆而有个性，而且“捕了半辈子鱼，现在护渔，还债来了”，又透视了人们拥护生态环境保护，让人物特写有了新颖而耐人寻味的内涵。

人物特写除了写人，还要找个巧妙的角度，突出其思想性。角度决定深度。角度好了，易于彰显人物个性，思想性也容易高尚起来。上述人物特写，如果仅仅写一个从小没有正规名字的女性，因为要办身份证而起了个正规的名字，也就是说，如果说就事论事，缺乏思想性的提升聚焦，那么特写就会轻飘飘的，人物也就没了精神，何谈人物特写的意义呢？所以，人物特写挖掘思想深度是多么重要。但思想性不能靠贴标签，必须在生活中去发现，去挖掘，对基层有深刻了解。在安徽，渔民上岸是做了许多年的事，过去几十年，全省数万漂泊渔民，因为水资源变化，生活无着，居无定所，省委、省政府急渔民之急，忧渔民之忧，把渔民上岸作为各级领导的“一把手工程”，使漂泊渔民圆了上岸梦。现在长江推行生态保护，禁捕退捕，较之内河渔民上岸，社会意义又进了一步。记者正是基于如此深厚的生活积累，才挖掘选取了特具意义的典型人物，写出了富有深情的人物特写，体现了较深刻的思想温度。

其次，人物特写不光要写人，更要把人写活，活的人物特写才更打动人，更有利于增强传播力和影响力。人物通讯要把人写活，人物特写更应把人物写活。如何写活新闻人物，笔者在专著《怎样写活人物》中有所专论，从技巧方面说，主要论述了要巧结构，善细节，好语言，会表现，有思想，多手法，新媒体时代还要融手段，等等。这是就人物通讯而言，如果是人物特写，它不能像人物通讯那样全面展现人物风貌，而只是选择一个侧面、一个特点，要在特写中把人物写活，难度更大，要求更高，也更考验记者的采访写作能力。

丰满的人物通讯靠多种技巧，只写一个侧面的人物特写，则要靠更为奇特的技法，那就是要努力写出人物的神和气。桐城派三祖之一的刘大櫆在其《论文偶记》中说："神气者，文之最精处也。"神气才是为文的最高境界。桐城派追随唐宋八大家，不仅主张作有用之文，更追求神气之文。当然，他们所说的神和气，是指文章须讲究"义理"，讲究文采，神为主，气辅之，最要气盛，才能行之世，有影响。此处借用刘氏古文论神气之说，用在采写人物特写上，就是在短小的篇幅里，抓住人物最具特点的方面，一滴水见太阳，竭力写出人物的神和气，唯此才能让人物特写出新出彩。

其实，古文论在写人、写事、写论上是一脉相通的。写事、写论要神气，写人更要神气。这种神气不仅是特写文势上的神和气，更要写出人物情操胸怀上的神和气。为此，必须抓取人物最能代表神气的言和行，以少许的言和行，透视出人物特写最应表达的神和气，抓住了这一点，再短的篇章，再小的特写，都能够让人物的特点彰显到位，从而达到文章短而神气足，特写小而人物活。古今这方面的例证很多，韩愈的《蓝田县丞厅壁记》就是最好的范文：

丞之职所以贰（辅佐）令，于一邑无所不当问。其下主簿、尉，主簿、尉乃有分职。丞位高而逼，例以嫌不可否事。文书行，吏抱成案诣丞，卷其前，钳以左手，右手摘纸尾，雁鹜行以进，平立睨丞曰："当署！"丞涉笔占位署，惟谨，目吏，问："可不可？"吏曰："得。"则退。不敢略省，漫不知何事。官虽尊，力势反出主簿、尉下。谚数慢，必曰"丞"，至以相訾謷。丞之设，岂端使然哉！

博陵崔斯立，种学绩文，以蓄其有，泓涵演迤，日大以肆。贞元初，挟其能，战艺于京师，再进再屈千人。元和初，以前大理评事言得失黜官，再转而为丞兹邑。始至，喟曰："官无卑，顾材不足塞职。"既噤不得施用，又喟曰："丞哉，丞哉！余不负丞，而丞负余。"则尽枿（古同蘖）去牙角，一蹑故迹，破崖岸（原则）而为之。

丞厅故有记，坏漏污不可读，斯立易桷与瓦，墁治壁，悉书前任人名氏。庭有老槐四行，南墙巨竹千梃，俨立若相持，水㶁㶁循除鸣。斯立痛扫溉，对树二松，日哦其间。有问者，辄对曰："余方有公事，子姑去！"

考功郎中知制诰韩愈记。

壁记是自唐代开始至清末的一种官场记述文体。有研究资料表明，约略类同于今天政府各部门制订的岗位责任制，但比岗位责任制丰富得多，内容重在对官员的教化。据《封氏闻见记》卷五曰："朝廷百司诸厅，皆有壁记，叙官秩创置及迁授始末。原其作意，盖欲著前政履历而发将来健羡焉。”当时古文大家如韩愈、柳宗元、刘禹锡、白居易等都有壁记传世，亦多遵循旧例，叙写制度，讴歌政绩，如吕温《道州刺史壁记》所言，皆“居官而记者则媚己，不居官而代人记者则媚人”。

韩愈此篇《蓝田县丞厅壁记》则一反常规，不以叙事为主，侧重写人，而且是篇人物特写，通过简短对话和举动，将人物刻画得极为传神，以新颖的构思，在三百来字的短文中，尽得人物风采。同时，又以活的人物，道尽宦海辛酸，鞭挞了达官权贵，指斥了制度弊病，显示了人物短文的深刻意蕴。细读此文的精妙，就在于抓住了人物的一个侧面，即签署已成的案卷，体现县丞受制于人的窘迫，以及县丞本欲有所作为，但按照官场避嫌惯例，又不允许表露意见，于是就有了“则尽枿（古同蘖）去牙角，一蹑故迹，破崖岸（原则）而为之”，即去掉棱角，一切按照旧例，平平庸庸地去做事，处于如此尴尬官位，才有了县丞崔斯立的消极颓废活画像。

韩文对崔斯立的描画可谓入木三分，其万般无奈的悲苦无奈形象真正是栩栩如生。在这么短小的篇幅里，将一篇人物特写写得如此神气，韩愈的笔力主要表现在精准的动作描述，以及精彩的人物对话。你看，“吏抱成案诣丞，卷其前，钳以左手，右手摘纸尾，雁鹜行以进，平立睨丞曰：‘当署！’”这段文字看上去是写县丞的普遍现象，其实就是在写崔斯立所处的窘况。那吏“雁鹜行”“平立”，而后“钳”“睨”，一系列不恭敬的动作，刻画得极其到位。还有县丞与属吏之间的精妙对话：“丞涉笔占位署，惟谨，目吏，问：‘可不可？’吏曰：‘得。’则退。不敢略省，漫不知何事。”辅佐县令的副手，一县之丞不敢越雷池一步，恭恭敬敬地在成案上签上自己的名字，完全不知签署的为何事，还要问这样签“可不可？”属吏答以“得”，县丞的强作笑脸的谦恭，和属吏高傲不屑的嘴脸，在对话中显露无遗。还有县丞崔斯立入职前后截然不同的内心感喟，以及对松之“日哦”，短短数语，生动泼辣，传神闻声，跃然纸上，意味深长。

特写短篇字字如金，用词造句必须恰当而紧凑。法国作家福楼拜曾对莫泊桑说：“作家必须搜求‘唯一’贴切的文学语言，而不能满足于‘近似’的词汇模糊了事。”人物特写因为篇幅短小，更需要惜字炼句，像文学家那样用精准的字句，即用唯一贴切的词汇，以具体传神之笔，对人物进行细致描写，才能写出神气活现的精妙人物特写。在这方面，笔者努力而为，坚持不懈，曾有些收获，亦有些意会，比如早期发表在《安徽日报》头版上的《“大老冤”闯关东》，就有追求贴切用词造句的刻苦探索：

以前，村里人都叫他张端阳“大老冤”。看貌相，他也有点冤头冤脑：40多岁年纪，肿眼皮，厚嘴唇，粗手笨脚，不多言语。未曾说话，先嘿嘿笑上几声。可如今，谁不说张端阳脑瓜最灵光。

啥道理？你看，村里几十亩果园，七、八年没挂过果，要砍要伐的。1984年闹承包，这片果园一年交款3000元，谁敢出头？张端阳承包了下来。多少人等着看他“冤大头”跌相呢。可是他懂技术，会管理，施肥打药，舍得下本钱。头年收入千把元，第二年就成了万元户，这在宿县永安区张光村还是挂头牌呢！今年麦子刚登场，几亩“五月鲜”桃就红了嘴，本地每公斤八毛多，可东北要贵上成倍的钱。他脑子一转：上长春！

左邻右舍真担心：几千里路程，人生地不熟的，一个闪失万把斤桃子全扔了。张端阳却说，经商做买卖，没个不冒险的。他从运输公司租了辆十轮大卡车，购进盛果子的纸箱子，满满登登装一车，日夜兼程紧赶路。到长春，先找工商所要地盘，又跑派出所请保安。果好价好，头天就卖了三千多公斤。第二天，他发现纸箱子不透气，桃子发热有了烂星子，只好降价兑给了坐地摊贩，少收入了二千多元。算算账，还是比在本地赚得多！

“大老冤”闯关东，这在村里一时又传为佳话。可端阳他总结说：“咱也莽撞，至今想起还后怕，上万元款子咋不该让银行汇回来，带身上，多危险；装桃子要用篓子，通风透气，也会少破损；还有，不该自己开秤零星卖，找个果品经销点，一车兑出多省事。”嗬，“大老冤”真不冤，商品经济中摸出了路，不用说，明年他一准还要闯关东！

（1987 年 7 月 26 日《安徽日报》）

如前所说，人物特写要写出人的神和气，就必须抓住最具特点的行为和对话，用夸张而传神的手法，将新闻人物的个性突出地表现出来。韩愈通过县丞、县吏及崔斯立的动作和对话，把事实中的人物写得惟妙惟肖，生动传神；笔者采访的人物特写《“大老冤”闯关东》，也是通过动作和对话，在对比描写中，放大主人公“冤头冤脑”的表象，而与他较为活络的似“冤”实“精”的言行相映衬，最终以敢试敢闯的行为事实，体现农民进入市场经济的新风貌，这就写出了新闻事实人物的神和气，所以能够成为读者所喜爱的写实作品。因此，短小的篇章中，要写好事实人物的特写，就要用最为贴切而精准的语言，集中笔力，聚焦特点，放大效果，方能成就人物特写佳品。

事件特写

事件特写是新闻特写不可或缺的另一大种类。美国学者丹尼尔·威廉森《特写写作技巧》将此称为后果特写，说："根据定义，后果特写是关于灾害、悲剧或意义深远的新闻事件的后续报道，它运用带有人情味的手法来捕捉事件的影响和规模。"尽管此前我们分析说过，西方的特写指的是特稿，与中国新闻界所定义的新闻特写有一定区别，但就此番后果特写的定义而言，与事件特写又确有相通之处，因而亦有着较强的借鉴意义。

事件是指人们生活中突然发生的不平常的大事情。不平常，大事情，才称得上事件，那都是因为会造成一定后果，产生重大影响。无论古今，在社会发展和自然界运行中，都有意想不到的重大事件发生，在事件影响的记录和传播上，相关特写短篇的探索方面，亦多有佳作呈现，颇为值得研究。

当然，事件特写与事件纪事也有所不同。事件纪事急于告诉读者发生了什么不平常的事，是对重大事情基本记述，有动态性的消息报道，有全面性的纪事通讯，侧重点在于重大事情的发生、过程和影响。事件特写则着重于人的感情，从人的情感角度入手，唤起人们对事件的关注和共鸣。心理学家说，共鸣是人类的一种很强烈的感情冲动。如何发掘人在事件中的情感变化，是事件特写与事件纪事的最大区别。

试看两篇有关“神九”与“天宫一号”对接的报道，一篇侧重于纪事过程，另一篇突出了人的活动，其事件纪事与事件特写在人的情感共鸣上的差异，由此可见一斑。

神舟九号，简称“神九”，是中国载人航天工程发射的第九艘飞船，执行第四次载人航天飞行，将完成中国首次载人与天宫一号交会对接任务，为今后的载人航天的发展、空间站的建设奠定良好的基础。事件重大，一是载人航天，二是与天宫一号对接，关乎中国航天发展之盛事。新华社刊发的《“神九”首载客会天宫　3名航天员入住感觉良好》，从标题上看就是篇纪事为主的报道——“神九”首载客会天宫，理应属于事件纪事，反映的是神九与天宫一号对接的过程，先是怎样，后又如何，重点是事实叙述式记录，没有在人的情感上过多着墨，阅读起来感觉纪事清晰，文字简洁，十分明快：

“感觉良好！”18日17时07分，当顺利从飞船进入天宫一号的航天员景海鹏向地面发出报告时，神舟九号飞船和天宫一号组成的组合体已平稳飞行近3个小时。

这是中国航天员首次进入在轨运行的航天器，标志着中国载人航天飞行由验证性飞行试验完全过渡到“真正有人参与的空间飞行试验”。

景海鹏、刘旺、刘洋仿佛灵活的鱼，先后顺利通过对接通道“游”进天宫一号。这舱门间的穿越，实现了中国载人航天的又一次历史性跨越。

16日发射的神九飞船进入预定轨道后，经过4次变轨，于18日中午抵达距天宫一号后下方52公里处，彼此建立稳定的空空通信链路，开始自主导航。

5公里、400米、140米……飞船在距离天宫一号30米停泊点进行最后一次停泊后，以0.2米/秒的相对速度缓缓接近天宫一号。两个飞行器上的对接机构先后完成捕获、缓冲、拉近和锁紧，独自在太空等待了215天的天宫一号与载客前来的神舟九号稳稳地连接在了一起。

记者在北京飞控中心大屏幕上看到，景海鹏先是顺利地打开飞船轨道舱前舱门，然后在刘旺、刘洋帮助下，进入直径为不到1米的对接通道，稍作停留后熟练地打开了天宫一号舱门。

这时，一个崭新的空间呈现在了航天员面前。

航天员通过对接通道进入天宫的动作，就像是在游泳，蓝色的舱内工作服使他们看上去宛若漂游在大海中的“蓝鲸”。

进入新“家”的3位航天员显得十分兴奋，失去重力的他们，相互扶持着在摄像机镜头前向收看电视直播的亿万观众挥手致意。

圆梦天宫。中国载人航天工程航天员系统总指挥陈善广用“如梦如幻，如诗如画”评价3位航天员的表现。

“对航天员的真正考验，将是6天后的手动控制交会对接。”中国载人航天工程总设计师周建平说，“如果能够顺利实施，意味着中国完全掌握了空间交会对接技术，表明我们具备向在轨运行航天器进行人员运送和物资补给的完整能力。”

在未来组合体“牵手”飞行的10多天里，3位航天员除返回飞船轨道舱就餐外，将在“天宫”中进行科学实验、技术试验、锻炼和休息。

作为建立空间站的关键技术，神舟八号于2011年11月成功完成与天宫一号的首次自动交会对接。“15立方米空间的天宫一号还只是航天员的临时住所，待到8年之后建造更大的空间站，中国航天员将会在太空中真正拥有长期居住的家园。”周建平说。

（2012年6月18日　新华网　记者　李宣良　田兆运）

阅读上述文字，不难体会，此稿写的是“‘神九’飞船进入预定轨道后，经过4次变轨”，“缓缓接近天宫一号”，彼此“稳稳地连接在了一起”。然后是“一个崭新的空间呈现在了航天员面前”，接下来“3位航天员除返回飞船轨道舱就餐外，将在‘天宫’中进行科学实验、技术试验、锻炼和休息”。不用说，新华社所刊发的是篇重大事件的记载，是以描述事件过程为主的事件纪事，人为辅，事为主，只能算是事件纪事，而不是事件特写。

对同一事件的报道，中新社则刊发了《中国航天员进入“天宫时间”》的特写。从标题看，中国航天员为主语，与新华社以纪事为主不同，中新社所发稿件则是以中国航天员进入“天宫时间”的活动，重点记述描绘了人在重大事件中的情感变化，并通过人物活动，凸显出了重大事件的深刻性和鲜明性，因而是篇生动活泼的事件特写：

在神舟九号飞船航天员景海鹏、刘旺和刘洋悉数进入天宫一号后，3位航天员拍下了他们在“新家”的首张全家福。

天宫一号是中国航天员在外太空的第一个“家”。

记者在北京飞控中心的直播大屏幕上看到，“全家福”画面中，景海鹏在失重的状态下扶住了舱壁上悬挂着的中国结。天宫一号2011年将这件象征着中华古老文明与智慧的饰物带入外太空，今天，景海鹏刚进入“新家”就和鲜红色的中国结做了一次“亲密接触”。

当天14时07分，3名航天员所乘坐的神舟九号与天宫一号连接成组合体。约14时46分，飞控大厅的大屏幕上显示，景海鹏和刘旺解开束缚带，缓缓从座椅上起身，根据地面指令打开返回舱门，顺利进入轨道舱。

时间一分一秒地划过，景海鹏先后打开神舟九号前舱门和天宫一号目标飞行器舱门平衡阀。刘旺手持摄像机将这一画面拍录了下来。

景海鹏进入对接通道。此时，神九返回舱里，刘洋拿着飞行手册注视着队友的每一项操作步骤并与队友进行着数据核对。

不久后，刘旺进入对接通道。他检查了捕获锁解锁状态，向地面报告，并取出目标飞行器前舱门钥匙。

17时06分，随着天宫一号舱门被打开，景海鹏如鱼儿般“游”进了天宫一号。面向天宫一号舱内的摄像机挥手致意，中国航天员的身影第一次定格在了这里。

“航天员进入天宫一号目标飞行器。”飞控大厅内，总调度乔宗涛的报告声让现场沸腾起来。

相比神舟九号，天宫一号15立方米的空间更为宽敞舒适。乳白色的舱壁，浅黄色的地面，上面分布着几排仪器。左侧舱壁上有一块军绿色挂帘，中国结就挂在帘上。

景海鹏进入“新家”后不久，刘旺也通过对接通道进入天宫一号，景海鹏拉了队友一把。

“天宫一号报告，状态正常。”景海鹏戴上耳机通过天宫一号通信设备进行天地对话。

17 时 26 分，刘洋手里拿着飞行手册，也“游”进天宫一号。她是中国首个“飞天”的女航天员，这几日，刘洋的事迹让其家乡河南林州沉浸在欢腾之中。

不久前，世界首位进行太空行走的苏联女航天员斯韦特兰娜·萨维茨卡娅也为刘洋送上祝福说，“中国女航天员的‘飞天’更有力地证明女性是航天界的‘半边天’。”

至此，3 名航天员全部进入“新家”。接下来，他们将在这里开展数日的载人环境维护操作、在轨航天医学实验和更换维修性试验等工作。

飞控大厅的大屏幕上，神舟九号飞船和天宫一号目标飞行器组合体正在外太空飞翔。中国实现了长期载人驻留太空的目标，距离建立自己的空间站又近了一步。

（2012 年 6 月 18 日　中国新闻网　作者　欧阳开宇　姜宁　谢波）

从三位中国航天员“悉数进入天宫一号”，拍下了“他们在‘新家’的首张全家福”起，特写紧紧围绕航天员在“新家”的情景，运用先总说后分述笔法，以精妙灵性的文字，通过“北京飞控中心的直播大屏幕”，生动再现三位航天员进入“新家”的具体情景，以及三位航天员相互协作，完美地做好“每一项操作步骤”，并“通过天宫一号通信设备进行天地对话”，接着又神补一笔，推出“中国首个‘飞天’的女航天员”刘洋，“手里拿着飞行手册，也‘游’进天宫一号”，还有因此引起的她的“家乡河南林州沉浸在欢腾之中”，“苏联女航天员”“也为刘洋送上祝福”。此稿围绕航天员在“神九”与天宫一号的对接活动，以细腻而传神的一个又一个“特写镜头”，抓住富有人物特征性动作和语言，通过再现重大事件中人物活动，再现人在事件中的场景和气氛，体现出事件特写与事件纪事所完全不同的强烈感染力。

由此看来，事件特写看似写人，其实是通过人的细微情绪变化，提示事件的深刻性，同时也以人的性格行为的感染力，体现事件的鲜明性。从上面“神九”与天宫一号对接重大事件记载看，事件特写的深刻性和鲜明性，明显优于事件纪事。这一点，在古文短篇中更是比比皆是。不说别的，只讲春秋时期，“崔杼弑君”一事，史官的事件记载，与《晏子春秋》中有关的事件特写就大为不同。

齐国大夫崔杼，在齐执政二十多年，当国秉政，骄横异常，先后立庄公、景公，在朝大肆杀戮，使齐国政局动荡。前 548 年，因庄公与其妻棠姜私通、将赐予自己的帽子赠予他人，便联合棠无咎杀死了庄公。对此重大历史事件，史官重在事件的清晰记载，与以讲精短故事久负盛名的《晏子春秋》相比较，后者所著事件特写《崔庆劫齐将军大夫盟晏子不与》，在其深刻性和鲜明性上，就益发精彩绝妙得多。从《左传》中看到，史官对此过程有翔实记载，既写了庄公不仁，也写了崔杼不义，更写了庄公在崔府被阴谋杀害，以及晏子闻知赶去现场的表现，最后又写了太史官据实记录的文字：

齐棠公之妻，东郭偃之姊也。东郭偃臣崔武子（杼）。棠公死，偃御武子以吊焉。见棠姜而美之，遂取之。

庄公通焉，骤如崔氏，以崔子之冠赐人……崔子称疾不视事。乙亥，公问崔子，遂从姜氏……侍人贾举止众从者而入，闭门……公逾墙，又射之，中股，反队（坠），遂弑之。

……丁丑，崔杼立（景公）而相之，庆封为左相，盟国人于大宫，曰：“所不与崔、庆者……”晏子仰天叹曰：“婴所不唯忠于君、利社稷者是与，有如上帝！”……

大史书曰，崔杼弑其君，崔子杀之，其弟嗣书，而死者二人，其弟又书，乃舍之，南史氏闻大史尽死，执简以往，闻既书矣，乃还。（略有删节）

对于“崔杼弑其君”的事件及其过程，《左传》记载不可谓不详，文字亦简洁明了，但只是庄公与崔妻淫而被杀之的事实性记载，是过程性的记录。最后一段文字表现的是太史官对历史事实的冒死实记精神，为了将这一事件记入史册，一个太史被杀了，另一个又冒死如实记入史册，直到南史氏执简以往，“闻既书”为止。虽然事件记载过程清晰，太史官冒死如实记之，精神感人，但通篇实属事件性纪事。《晏子春秋》所载则不然，它对此段史实着重于人的言行和情感表现，以人在事件中的“特写镜头”形式，再现了更为集中而真切可感的场景和气氛，细节感人，情景动人，使“崔杼弑其君”事件，成为当今亦能以融媒手法再现的惊心动魄的“短视频”：

崔杼既弑庄公而立景公，杼与庆封相之，劫将军、大夫及显士、庶人于太宫之坎上，令无得不盟者。为坛三仞，坎其下，以甲千列环其内外。盟者皆脱剑而入，维晏子不肯，崔杼许之。有敢不盟者，戟拘其颈，剑承其心。令自盟曰：“不与崔、庆而与公室者，受其不祥。”言不疾、指不至血者死，所杀七人。

次及晏子，晏子奉杯血，仰天叹曰：“呜呼！崔子为无道，而弑其君，不与公室而与崔、庆者，受此不祥。”俯而饮血。

崔子谓晏子曰：“子变子言，则齐国吾与子共之；子不变子言，戟既在脰，剑既在心。维子图之也。”

晏子曰：“劫吾以刃而失其志，非勇也；回吾以利而倍（背）其君，非义也。崔子，子独不为夫《诗》乎？《诗》云：‘莫莫葛藟，施于条枚。恺悌君子，求福不回。’今婴且可以回而求福乎？曲刃钩之，直兵摧之，婴不革矣。”

崔杼将杀之，或曰：“不可！子以子之君无道而杀之，今其臣，有道之士也，又从而杀之，不可以为教矣。”崔子遂舍之。晏子曰：“若大夫为大不仁，而为小仁，焉有中乎？”

趋出，授绥而乘。其仆将驰，晏子抚其手曰：“徐之！疾不必生，徐不必死。鹿生于野，命县（悬）于厨。婴命有系矣。”按之成节而后去。《诗》云：“彼已之子，舍命不渝。”晏子之谓也。

此段文字聚焦于晏子与崔杼的生死对立，在“崔杼弑其君”之事上，将崔杼手段狠毒、惨无人道，与晏子大义凛然、从容不迫形成鲜明对比，其中的场景和气氛写作，惊心动魄，如同特写镜头，给人身临其境的感觉。面对刀光剑影、数人被杀的血腥场面，晏子大义凛然，斥责崔杼的无道行径。崔杼声色俱厉，先是以利引诱，继而以死威逼，而晏子不为所动，慷慨陈词，誓死不以邪道求福。崔杼的气急败坏，与晏子的一身正气形成鲜明对比，情景十分感人。特别是最后一段，看似多余，其实更能彰显晏子在重大事件中的机智沉稳，从容不迫：“徐之！疾不必生，徐不必死。鹿生于野，命县（悬）于厨。婴命有系矣。”按之成节而后去。可以说，此文既突显了事件的严酷，又体现了事件特写以人显事的生动性。

不过，虽然事件特写要再现人物和事件的富有特征性的部分，但要写人更要写事，写人是为了突显事件的重大，事在人物活动中得到充分展现。所以，事件特写不同于人物特写，人物特写是事和场景围绕人物转，事件特写是各样人物围绕事件转。注重短篇故事的古文大家做到了这一点，众多新闻名篇在事件特写上也是高超卓越。此处仅举《拉萨的早晨》为例，就不失为精彩的事件特写。1987 年，西藏发生了严重政治骚乱事件，图谋西藏独立的达赖集团在美国鼓吹“西藏独立”，煽动和策划了 9 月 27 日的严重骚乱事件，一伙暴徒冲击政府机关，砸毁汽车，抢劫财物，焚烧商店和公共建筑，打伤值勤干警多人。党和政府采取果断措施，骚乱分子纷纷落网，笼罩在拉萨上空的乌云被迅速驱散，局势很快就稳定下来了。对此，新闻媒体发表了大量报道，揭露骚乱事件带来的危害，无疑是对重大事件的纪实，自然属事件纪事。在平定骚乱之后，如何以更为有力的报道，体现骚乱不得人心，西藏需要稳定团结，人们期待和平祥和的幸福生活，新华社为此发表了此篇特写，以骚乱之后的场景和人物活动的生动画面，揭示西藏安定团结的深刻性和鲜明性：

上午 9 时，北京早已艳阳高照，而拉萨古城却刚从夜里醒来。从市中心的药王山俯视全市，可以看到纵横交错的街道上汽车来来往往，个体商户推着货车、挑着货担从四方拥向八角街……

拉萨经历了一次少数分裂分子制造的骚乱之后，生活秩序迅速恢复正常。呈现在人们面前的拉萨，又是那样生气勃勃。

八角街上，三三两两的藏族老人捻着长串的佛珠，像往常一样开始围绕大昭寺转经……大昭寺附近被暴徒烧毁的派出所和街道办事处的藏式房屋正在修复。

在八角街北侧的冲赛康市场，挤挤挨挨的货摊上摆出蔬菜、水果、酥油、服装等商品，来自区内和内地的个体户操着不同的口音大声叫卖。……

“加查苹果，快来买呀！”……名叫扎西的货主向记者介绍说，以前加查县不产苹果，二十多年前，一位从上海来的女大学生在加查的山沟里蹲了十多年，试验、推广苹果栽植技术……大家都忘不了那位上海姑娘。

一阵阵读书声从拉萨第二小学传来。一日的骚乱事件中，八廓小学有一些校舍被暴徒砸坏，现在部分学生只好临时转到这里借读……

记者来到拉萨河畔市水泥厂的时候，工人们正在紧张地浇灌……厂里热气腾腾……

这个工厂是1972年起逐步建设起来的，现有80多名工人，百分之八十是藏族……工厂办得很兴旺……巴桑说：“我们的生活不断改善，这全是政府的政策好……”

布达拉宫前的劳动人民文化宫，彩旗飘舞，一片欢乐气氛。国庆节那天这里的游乐活动刚刚开始，就被暴徒们给搅散了。现在人们又汇集到这里，坐上游船、碰碰车、电动火车，人们不时发出阵阵笑声。

（新华社拉萨1987年10月7日电　记者　景如月　汪青春，略有删节）

此篇事件特写生动而鲜活，从场景到人物，处处紧扣骚乱带来的危害，人们对独立分裂分子的痛恨，用对比手法写出拉萨生活秩序迅速恢复正常的喜人景象。且看，在西藏最有代表性的“八角街”上，

“三三两两的藏族老人捻着长串佛珠，像往常一样开始围绕大昭寺转经”；在“西藏最好的苹果”摊前，货主扎西向记者介绍，这是“从上海来的女大学生在加查的山沟里蹲了十多年，试验推广的新品”；骚乱中被砸坏了一些校舍的八廓小学师生，正在借读的拉萨第二小学里读书上课；拉萨河畔，拉萨水泥厂里热气腾腾，记者记下了名叫巴桑的工人的话：“那伙闹分裂的坏家伙越是捣乱，搞破坏，我们就越要加紧生产，加紧建设。”特写以布达拉宫前的劳动人民文化宫欢乐场景作结尾，再次点明“国庆节那天这里的游乐活动刚刚开始，就被暴徒们给搅散了。现在人们又汇集到这里，坐上游船、碰碰车、电动火车，人们不时发出阵阵笑声”。这样以众多人物活动凸显事件重大的事件特写，不用说，理所当然地会得到读者的喜爱，载入《新华通讯社 90 年 90 篇精品选》，更是最有力的证明。

社会发展进程中的重大事件，既要有历史灾难性翔实事件纪事，也需要充满积极意义的事件特写；既要有自然灾害所带来的重大灾难性事件，也要有救灾及灾后恢复中人们奋发有为的事件特写。笔者在几十年的新闻生涯中，就有着许多对于自然灾害类的事件特写。比如 1998 年长江特大洪灾，围绕安徽长江段沿线军民抗洪抢险英勇斗争，就既有抗灾进程中充分的纪事报道，更有灾后恢复中事件特写的生动体现。《洲头“救学”记》就是一篇以人物活动为主的事件特写：

被长江洪水围困了两个多月的安徽省宿松县洲头村，9 月 1 日一大早就响起了开学的铃声。孩子们坐上小船，从一个个露出水面的“孤岛”上，向最高处的临时教学点驶去。

“开学了！”没上过一天学的张桂芝，比孩子还激动，6 点钟起床烧水做饭，然后叫醒7岁的女儿小淑娟，早早地乘上村里接送孩子上学的小船。比张桂芝还激动的是县委书记王宜斌，他已6次乘船来洲头村了。

洲头村这次破圩，两层楼的学校一直泡在水里，留在堤坝上的小学能否按时开学？王宜斌牵肠挂肚，寝食不安，一次次地跑来，找村里、乡里的干部群众商量。他说："老百姓遭灾已经够苦的了，再不能让他们为孩子上学犯愁了！"救灾先救学，救学靠自救。村干部兵分三路，到8个村一户一户地摸清了180名小学生的去向。45个四五年级的孩子转镇中心小学，集中住宿，插班就读；72个孩子投亲靠友就地入学；一二三年级的小孩子就在堤坝顶上借民房上课。在竖着"洲头灾区小学"牌子的堤顶上，王宜斌来到一年级教室，他站在后排课桌边，入神地看着老师上课。

孩子们稚嫩的读书声冲出门窗，压倒了洪水汹涌的涛声，舒展了灾民紧锁的眉头，更滋润着县委书记焦虑的心。

（1998年9月3日《人民日报》）

与《拉萨的早晨》相比，除了事件性质不同，在以人物情绪和场景气氛体现灾难事件上，《洲头"救学"记》还算是一篇成功的事件特写。此稿抓住灾区能否如期开学，以人们对开学的期待，县委书记"牵肠挂肚，寝食不安，一次次地跑来，找村里、乡里的干部群众商量"的焦灼和辛苦，以及"村干部兵分三路，到8个村一户一户地摸清了180名小学生的去向"的细致工作，张扬了"救灾先救学"的深刻意义，生动再现了灾后恢复的事件特色，给抗洪救灾平添了昂扬向上的暖色调。

工作特写

工作特写是由新闻舆论的性质决定的。党的新闻舆论工作有着教育引导群众，推动工作深入开展的作用。毛泽东同志在《对晋绥日报编辑人员的谈话》中说：“办好报纸，把报纸办得引人入胜，在报纸上正确地宣传党的方针政策，通过报纸加强党和群众的联系，这是党的工作中的一项不可小看的、有重大原则意义的问题。”互联网时代，融媒发展为舆论工作提供了更为快捷的宣传工具，使工作特写有着更为广阔的空间，以及“不可小看”的威力。

所谓工作特写，主要是围绕工作开展而采写的新闻报道。工作推进是个繁重的任务，有问题分析，有目标设置，有程序安排，从找准问题，到工作发动，再到工作推进，以及完成业绩和后期效果，会有着相对漫长的过程。其间，为做好宣传鼓动，新闻舆论需要做大量投入，消息、通讯、图片、融媒产品等，无不要通过各种媒体宣传出去，而工作特写则是其中相对活跃的强音符，起着一石激起千层浪的特殊作用。

当然，在推进工作、联系鼓动群众上，富有全局性的工作纪事报道更不可“小看”，大的工作部署和推进离不开气势磅礴的全景式工作纪事。需要强调的是，工作特写与工作纪事既有相同的一面，又有着不同的一面。相同的一面体现在共同目标上，不同的一面则由各自的特性所决定。工作纪事主要进行全面而具体的、分节段、有步骤的宣传推动，在采访写作上，讲求的是全面性和可推广性；而工作特写就不同了，因为它有着和其他特写种类一样的短平快、生动鲜活的威力，需要挖掘工作中的一个侧面，寻求在工作进程中特殊而有新意和有深意的东西，讲求的不是全面性措施和经验，而是具有独创性和科学意义的特性，并以短小而精粹的篇章，起到引人入胜、联系鼓动群众的别样动能。

不同的特性决定着不同的文笔走向，也体现在采写着力点上的不同取向。这一点在古文名篇中，就有着显著的区分，有着显然不同的表现。比如，唐宋八大家之一的曾巩，既写过《越州赵公救灾记》，又写过《襄州宜城县长渠记》，两篇都是传世名作，作为古文经典，一并收入姚鼐所编《古文辞类纂》。但细分析一下，前者救灾记即为工作纪事，而修渠纪事无疑是篇工作特写。

为什么这样说呢？且看《越州赵公救灾记》，曾巩不光“采于越”，而且非常具体，非常细致，从赵公赴越州救灾之前的全面“函询”调查，在详细掌握了越州受灾情况之后，又对救灾作了全面精准部署，包括救灾粮哪里来，有多少，如何发放，谁来发放，还有药品和治病，以及死了人谁来掩埋等，都有周到安排。尽管要求细，却又允许下面根据实际情况，实行灵活工作法，凡有利于救灾的事，可以不请示就自行处理，出了问题赵公一人担当。赵公救灾的措施得力而有效，“公所抚循（抚慰），民尤以为得其依归。”老百姓得到了很好安顿而有所归宿。在曾巩看来，赵公“其仁足以示天下”，而救灾之法“足以传后”，所以“得公所推行，乐为之识其详”，写成如此全面具体的工作纪事，目的就在于“使吏之有志于民者不幸而遇岁之灾，推公之所已试，其科条可不待顷而具”，再遇到类似灾害，即可借鉴如此有效的工作纪事，能很快拿出整套救灾方案，使民得益。这一点，在笔者所著《人民日报记者怎样写纪事》中已作详尽分析，正说明工作纪事用于指导工作的自身特性。

与工作纪事所不同的是，工作特写不求全面具体，而是追求一个侧面，一点创意，一个显著成果，是工作进程中富有个性的特写镜头。工作特写讲究深意和新意，讲求“一石激起千层浪”的奇效。曾巩《襄州宜城县长渠记》即有如此独到的新意和深意，它不是全面而具体的描写，而只抓取其中一个侧面，一个最有现实意义的问题，从而起到“令人惊”更“令人思”的教化作用。不妨细读一下：

荆及康狼，楚之西山也。水出二山之间，东南而流，春秋之世曰鄢水。左丘明《传》鲁桓公十有三年，楚屈瑕伐罗“及鄢乱次以济”是也。其后曰夷水……又其后曰蛮水，郦道元所谓“夷水避桓温父名改曰蛮水”是也。秦昭王二十八年，使白起将攻楚，去鄢百里，立堨，壅是水为渠以灌鄢，鄢，楚都也，遂拔之。……鄢入秦，而白起所为渠因不废，引鄢水以灌田，田皆为沃壤，今长渠是也。

长渠至宋至和二年，久隳（毁）不治，而田数苦旱，川饮者无所取。（县）令孙永曼叔率民田渠下者，理渠之坏塞，而去其浅隘，遂完故堨，使水还渠中。自二月丙午始作，至三月癸未而毕。田之受渠水者，皆复其旧。曼叔又与民为约束，时其蓄泄，而止其侵争，民皆以为宜也。

……

初，曼叔之复此渠，白其事于知襄州事张瓌唐公，唐公听之不疑，沮止者不用，故曼叔能以有成。则渠之复，自夫二人者也。方二人者之有为，盖将任其职，非有求于世也。及其后，言渠堨者蜂出，然其心盖或有求，故多诡而少实。独长渠之利较然，而二人者之志愈明也。

熙宁六年，余为襄州，过京师，曼叔时为开封，访余于东门，为余道长渠之事，而诿余以考其约束之废举。余至而问焉，民皆以谓贤君之约束，相与守之，传数十年如其初也。……而是秋大旱，独长渠之田无害也。夫宜知其山川与民之利害者，皆为州者之任，故余不得不书以告后之人，而又使之知夫作之所以始也。

八月丁丑曾巩记。

（选自姚鼐《古文辞类纂》，略有删节）

此篇名文，看似纪事，实为特写。在第一段交代长渠的背景之后，重点选取的是名叫孙永、字曼叔的宜城县令兴废利民之举，针对长渠“久隳（毁）不治，而田数苦旱，川饮者无所取”的现实问题，“率民田渠下者，理渠之坏塞，而去其浅隘，遂完故堨，使水还渠中”，而使“田之受渠水者，皆复其旧”。修复长渠无疑是项重要的水利工作，面对水利设施久毁不治、天旱地渴、饮者无所取的重大问题，作为县令，孙永率民修复，应该有部署，有发动，有推进，但曾巩对此没有在过程上多去着墨，而是“自二月丙午始作，至三月癸未而毕”一句话交代修复过程，而将笔墨放在重大意义的挖掘之上，即曼叔以民生为本，力求有所作为，而且“又与民为约束，时其蓄泄，而止其侵争，民皆以为宜也”。既有所作为，又善于管理，可谓能吏也。特别重要的是，曾巩又高瞻远瞩地提到，修渠之初，曼叔将此事报告上一级，即“襄州事张瓌”（字唐公），而“唐公听之不疑，沮止者不用，故曼叔能以有成”。这就有了更深层次的意义，即利民之事在率民而为，更在上下合力而为，同时短文又进一步分析说，县丞与州官“知其山川与民之利害者，皆为州者之任”，就是说，懂得山川对于人的利害关系，理应是州官的责任，为官一任，造福一方，在现今也有着极为深刻的意蕴。

特写就是放大情景意义。曾巩放大了孙永修复长渠的特殊意义，而且“书以告后之人，而又使之知夫作之所以始”。让后来者记取孙永与州官张瓌一心为民、难能可贵的初心，达到以文传道的目的。曾巩是欧阳修的得意门生，在古文创作上承接韩愈、柳宗元古文理论，主张先道后文，其散文大都是“明道”有用之作。其文风则师法韩、柳之长，追求自然淳朴，文从字顺，虽不及欧阳修、苏轼之文豪迈奔放，但善于记叙，注重情理，看似文辞清简，细品又特为深刻有力。

如此忽略有关工作的进程、方法和效果，而只截取放大其重要意义方面，于当今新闻特写上，更是不乏经典之作，《玉环再改图》就是一成功范例。2017 年 11 月 25 日，《人民日报》在头版头条刊登了此篇佳作。说的是，在浙江，一个海岛县扒开原先联结大陆的土坝，准备改建一座桥。单论一座桥，恐怕真没什么好说道的。改革开放后，浙江建的各种各样的大桥多了去了，杭州湾跨海大桥等世界级的大桥就有好几条，而玉环县要改建的桥，论长度才 3 公里多，以桥看桥，还算什么新闻，简讯也发不了。然而，在记者王慧敏看来，“从事新闻多年，碰上这样具有历史意义的新闻事件的机会并不多”。他看到的不是建桥工作事件的大小，看到的是建桥工作背后的深远意义，正是抓住这一点，记者做了篇具有历史性的工作特写：

“翻开浙江省地图，可以看到东南沿海有一个玉环岛，和大陆隔着一条狭窄的海峡。但是，今后地图上的这一处要做一些改动了——玉环县的人民以辛勤的劳动在海峡中填出了一条宽阔的大坝，已经把玉环岛同大陆连接在一起。”

这是1978年2月16日,《人民日报》刊登的一则新闻——《玉环岛人民改画地图》，报道当年浙江玉环县委树雄心立壮志，带领全县人民改造大自然，填海建设一条大坝，把海岛同大陆连接起来。

《人民日报》盛赞这一移山填海壮举。玉环从此结束孤悬于大海的历史，也改画了地图。

玉环地图又将再次改画——10月12日，漩门湾大桥及接线工程正式开工建设。昔日堵港筑坝，而今撤坝建桥，玉环进入新的发展阶段。

玉环岛面积186平方公里，隔着一条叫漩门的海峡孤悬于浙东海域。漩门海峡水势湍急，多漩涡，素有“龙窝”“险峡”之称，给出行带来极大不便。当地民谣唱道：“漩门湾，鬼门关，眼望漩涡泪斑斑。”

“当时有三套解决方案，一是造桥，二是结合水力发电，三是堵坝。因为当时我国的造桥技术还不过关，经过综合考量，决定采取第三套方案。”原玉环县交通局副局长、今年91岁高龄的李端士回忆。

40年前，玉环移山填海造田，堵港修塘并蓄淡水，把一个玉环变成两个玉环。漩门大坝也从此架起了玉环从海岛小县向经济强县发展的腾飞之路：生产总值2016年已达465.13亿元，40年增长700多倍；人均生产总值2016年达108947元，40年增长500多倍。1994年玉环就跻身全国综合实力百强县，2017年在百强县市排名中升到第27位。

然而，随着玉环车流激增、经济高速发展，14米宽的坝已不能适应需要，造桥成为改善交通最经济、最高效的办法。玉环市委、市政府（玉环后撤县设市）果断决策，撤坝建桥。

11月21日，记者在玉环市芦浦镇看到，随着挖掘机轰鸣，S226沿线的40多间房屋相继被推平，漩门湾大桥拆迁工作有序推进。拆迁户林根于看着自家4间临街店面被拆除，尽管有些不舍，但话说得实在："就眼前看，店面房拆了会少很多收入，但大桥建成后能产生更多人流、车流，我会加倍赚回来。"市交通运输局局长王庆飞说："坝改桥，不只是简单的交通方式的变化，还可充分发挥玉环独一无二的海洋资源作用，恢复和改善海湾生态环境。它标志着玉环经济发展方式质的飞跃。"

这是篇通讯，却也是篇特写，而且是典型的工作特写，特在只聚焦于工作纪事上的重大意义：昔日填海筑坝，而今撤坝建桥，玉环再改图的意义在于将要进入新的发展阶段。如同曾巩所写《襄州宜城县长渠记》，舍弃修复长渠艰难付出进程性描写，而只突出其县丞孙永与襄州张瓌以"知其山川与民之利害者，皆为州者之任"，顺应自然，造福人民，这是执政者的责任担当。《玉环再改图》同样突出了撤坝建桥工作的历史性举动，结尾处借市交通运输局局长的口说了个明明白白："坝改桥，不只是简单的交通方式的变化，还可充分发挥玉环独一无二的海洋资源作用，恢复和改善海湾生态环境。它标志着玉环经济发展方式质的飞跃。"从昔日树雄心立壮志、填海造坝、改造大自然，到撤坝建桥、尊重自然规律，变"堵"为"顺"，体现的是对生态文明建设的崇尚。党的二十大指出，中国式现代化是人与自然和谐共生的现代化。此篇工作特写就是这样以小见大，洞察了40年风云变迁，通过"再改"一词，将历史与现实形成鲜明对比，更加突显了看起来不大起眼的漩门湾大桥的开工建设，是多么具有非同凡响的时代影响力。

工作进程往往是漫长的过程，其间需要大量的新闻报道跟进鼓动，而特写往往又是最为鲜活精巧的轻型武器，往往会产生出相对轻松而又令人欢欣鼓舞的效果。这种报道形式可以在工作的起始阶段，也可以在进程中出现，更可以落脚到工作收尾。上述《玉环再改图》是建桥工作的起始激起的涟漪，而笔者的《"建菜园去！"》则是城市菜篮子工作进程中的小小浪花，《襄州宜城县长渠记》不用说就是工程收尾时的丰碑。不论出现在工作的哪个环节，特写都应以挖掘特殊的意义见长，因为篇幅短小，只有较高的含金量，才能让特写显示与众不同的宣传鼓动作用。问题是如何彰显特写的意义，如何在较小的篇章里闪耀出思想的光辉。方法很简单，一是要有现实针对性，二是要有历史纵深度。在新闻报道中，像玉环撤坝建桥那样有历史意义的工作性新闻事件并不多，但像为了城市菜篮子工程，市长带队到菜园现场的充满现实针对性的工作新闻肯定不少，如果看得远些，挖得深些，小特写一样能反映民生大问题。还有一些发生在基层许多不怎么起眼的工作，把它们放在现实问题的大盘子上去考量，一样会发现金子般的闪光点，写出脍炙人口的小特写。比如，笔者曾写过《镇长“买戏”》小特写，其实就是针对现实问题的一条“小活鱼”：

淮北人爱看戏，特别是到了冬春季节，一听说哪村来了戏班子，大的唤着小的，少的搀着老的，大老远赶着听，一跟就是好几个村。

可是这几年稀少啦，老少爷们总是旱天求雨似的常念叨，到头来却是直摇头：没人张罗哇！

没想到，打今年起，鸡鸣听三县的安徽省宿州市大营镇却好戏不断秧呢！市花鼓戏剧团的大演员搭班儿挨着村跑，把戏送到了农民家门口。你看，一入冬，各村又在争剧团啦！

啥原因？老乡说，咱遇上了个知情达理的镇长呗！

“哪里，哪里！”镇长王发堂乐呵呵地直摆手：“搞经济，上项目，是为了富，可好日子不光在于钱多啊！农民富了还想乐，听听大戏，又乐呵又受教育，这不就是精神文明建设的好办法嘛！”王发堂从老百姓的文化渴求中悟出了点道理，进城去找剧团，对团长华立仁说：“老百姓可想你们啦，咋不下乡呢？”华立仁摇摇头：“工资都愁着哪，哪有钱下乡！”王发堂说：“这样吧，咱镇里跟剧团签个协议，你每年为镇上农民演出60场戏，保证每个村一年看上4场戏，镇政府一年付你3万元。”

镇长花钱“买戏”，剧团好不欢喜。花鼓戏剧团精心挑选了革命传统戏《江姐》，科学种田的小戏《喜相逢》，宣传税法、计划生育的《柳凤镇》《合家欢》，鞭挞歪风邪气的《墙头记》，还就地取材创作了歌颂大营新风的《两年没回家》《爷俩争夸大营街》等节目，一个村接一个村地演下去，十里八乡的群众简直听入了迷。

自古道，说书唱戏劝人方。乡间许多新鲜事儿，经过剧团一编排，戏台子上一张扬，真比弄几场报告还顶用。镇办公室的同志说，一年来各村打架吵嘴的事少了，偷鸡摸狗的少了，文明户、文明村增多了，镇上的风气好了。

（1996年12月23日《人民日报》 与陈伟合作）

把小特写比喻为“小活鱼”，应该是再贴切不过的了。小是特性，活在灵魂，特写富含深意就有活的灵气劲。工作特写也是如此。此篇特写的深意就在于，精神文化建设是社会进步活的基因，城市需要，农村也需要。没有文化的农村会变成被人遗忘的角落，变成思想荒芜的沙漠，变成有人而无活力的社会板结地。要改变现状，就要有眼光的领导。镇长花钱请来戏班子，让农村有了笑声，更有了活的要素。他的一番话最能显示出博大胸怀：“好日子不光在于钱多啊！农民富了还想乐，听听大戏，又乐呵又受教育，这不就是精神文明建设的好办法嘛！”什么是特写的灵魂？这就是啊！有了这一抹阳光，小特写就有了现实性，有了活的思想，小稿子就变得分外光鲜亮丽起来了。当然，特写稿件不光要挖得深，还需要多用有色彩、有趣味的语句，无论是古文短篇，还是新闻特写，都需要掌握活的技巧，以上所列举的古今特写名篇，无论是何种篇什，可以说全都用足了活的技能。

会议特写

会议是工作的一部分，会议特写也与工作特写一样，是党的新闻舆论宣传文体上的重要种类之一。工作开展离不开会议，会议为工作服务。工作是系统工程，有计划，有部署，有措施，有推进，重结果，讲成效；会议则围绕工作而开展，会议的定义是，在限定的时间和地点，按一定程序，有组织、有领导、有目的的议事活动。

会议是一种普遍的社会现象，是治国理政的重要手段，因而也是新闻报道须臾不可分离的组成部分。会议报道多以消息为主，有时配以侧记、图片新闻和音视频等。其间，如追求新闻报道多样性，像工作报道中推出工作特写，会议报道也须抓取富有特点的部分，采写出生动鲜活的会议特写，给人耳目一新的效果。

当然，会议往往按程序进行，受时间和地点限制，相关新闻较难出新出彩。不过，再严肃的会议，只要对外公开展示，都会有其精彩独特的那一刻，记者只要像郭玲春那样，有“带着读者进入会议现场”的意识，就会抓到非同寻常的特写镜头，写出令人惊喜的新闻美品。这在近两年全国两会，以及国家领导出访等各种重大会见活动中，人民日报与会和随访记者，都有独创的现场观察报道——“微镜头”新闻作品推出，有的还获得了全国新闻大奖。“微镜头”就是特写，全国两会和出访会见中可以推出特写，那么其他会议一样可以采写出丰富多彩的会议特写。

会议特写与会议报道显然不同，会议报道严格按程序化进行，会议议程、会议主题、会议决定，参会人员等，全面而又具体。会议特写就不同了，那是会议中最激动人心的画面，是会议中最耀眼的浪花，是读者欲知、尽知、快知的意外惊喜。会议特写一旦推出，会为整个会议增色添彩，也会让传播载体顿然充满生气。

那么会议特写的特点是什么？什么样的会议题材才能上得了会议特写？这里首先要弄清会议的基本要素。按现代词语解释，会议一般包括议论、决定、行动三个要素。因此，必须做到会而有议、议而有决、决而有行，否则就是闲谈或议论，不能成为会议。会议特写是将会议用特写的方式报道出来，第一位的是要体现会议三要素，第二是用活的表现手法来体现，以活的手法让会议三要素也活起来。三要素在常态化的报道中是死的，在特写中则必须是活的。会议特写就是要让会议议论活起来，让会议决定活起来，让会议行动也活起来，真正使会议三要素变得充满生命力。活的手法即是文学表现手法，在会议特写中，必须再现会议中的生动场景，以动人的情节和细节，以及人物活的言行，激活会议三要素。没有会议三要素称不上会议，没有活的手法，也称不上会议特写。这一点在《晏子春秋》中体现最充分，从中足可以看出哪些是会议特写，哪些只是议论，或者只是答对，因为没有决定或行动，有的连会议也算不上，更谈不上会议特写了。

众所周知，《晏子春秋》是记述春秋齐国名相晏婴言行的著作。晏子是春秋时期齐国著名政治家、思想家、外交家，历任齐灵公、庄公、景公三朝，辅政长达五十余年。晏子主张修文德，节嗜欲，宽政爱民，讲求“重民”“民本”，强调薄赋敛，省徭役，减轻刑罚，提出举贤任能，反对信用谗佞，以身作则，廉洁节俭，致力于以礼治国，以礼治民。为相直言敢谏，机智幽默，内外兼修，其思想和逸事典故多见于《晏子春秋》。整部书使用短篇故事组成，分内篇和外篇，内篇又分《谏上》《谏下》《问上》《问下》《杂上》《杂下》六篇，外篇分上、下二篇。从内容和写作形式看，《杂上》《杂下》和外篇多是记述晏子的行动，多为人物故事，亦即人物特写，比如晏子使楚、南橘北枳、悬牛首卖马肉等。其数量较大的《谏上》《谏下》《问上》《问下》等，则多以因事而谏，因问而答。谏，正也。其本意是向帝王陈述各种可能的选择，引申意是在帝王做出错误选择时直言规劝。问，则是帝王对臣子的询问，拿不准，不好说，听听臣子的意见。无论谏还是问，多是上下面对面而议，也许议而不决，也许决而不行，还称不上会议，有的只是议论，亮明观点和建议。且试举一谏一问两例：

景公饮酒酲，三日而后发。晏子见曰：“君病酒乎？”公曰：“然。”晏子曰：“古之饮酒也，足以通气合好而已矣。故男不群乐以妨事，女不群乐以妨功。男女群乐者，周觞五献，过之者诛。君身服之，故外无怨治，内无乱行。今一日饮酒而三日寝之，国治怨乎外，左右乱乎内。以刑罚自防者，劝乎为非；以赏誉自劝者，惰乎为善。上离德行，民轻赏罚，失所以为国矣。愿君节之也。”

（《晏子春秋·内篇谏上》）

> 公问晏子曰："临国莅民，所患何也？"晏子对曰："所患者三：忠臣不信，一患也；信臣不忠，二患也；君臣异心，三患也。是以明君居上，无忠而不信，无信而不忠者。是故君臣同欲，而百姓无怨也。"
>
> （《晏子春秋·内篇问上》）

晏婴以善谏为人称道，在不同环境场合，采取不同的劝谏方式，或曲谏，或直谏，显示出高度智慧，其语言也极具特色，或锋芒毕露，或滑稽幽默，至诚忠言，有理有据，往往效果立显。记载他言行的文字也是朴实无华，流畅自然，绝少哗众取宠之弊。从上述两则记言文体看，一谏一问，坦诚直道，毫不保留，毫无掩饰。其中针对景公饮酒无度，直言相告"今一日饮酒而三日寝之，国治怨乎外，左右乱乎内"，规劝其如不加节制，定会丧失治理国家的办法，即"失所以为国矣。愿君节之也"。从此段文字看，劝是劝了，谏也谏了，景公听没听得进，改没改得了，不见下文，如同会议议而不决，那么就称不上是会议，更不能说是会议特写，只能算是议论记言而已；那么上述内篇问上第三，景公所问"统治国家管理人民，忧虑的是什么？"晏子回答依然直言不讳，忧虑有三，即忠臣不受信任，受信任的臣子不忠，君臣不同心同德。可谓一针见血，鞭辟入里。然而依旧不见下文，依旧只能算是议论，或是对答，算不得会议，亦算不上会议特写。

会议特写必须是截取会议中最为精彩的片段，体现会议的精髓，有着会议所具有的议论、决定和行动三要素，又有极富典型意义的空间和时间，针对某个场面或镜头，集中笔墨，突出强烈的现场感和鲜明的会议特色。在故事上，会议特写应该是完整的，有起始，有进程，有结果，有行动；在语言上，既有会议的意味，又要有人物的个性特色，还要有点石成金的哲理。最终以极小的篇幅，彰显会议特写以小见大、反映深邃主题思想的独有魅力。《晏子春秋》不仅有众多议论、问答，也有诸多篇什堪称人物特写、工作特写、事件特写，更有大量是会议特写，特别是在谏与问的篇章中，就有好多精妙的会议特写。且看如下两篇，即体现了会议特写的绝妙之处：

齐大旱逾时，景公召群臣问曰："天不雨久矣，民且有饥色。吾使人卜，云祟在高山广水。寡人欲少赋敛以祠灵山，可乎？"

群臣莫对。

晏子进曰："不可，祠此无益也。夫灵山固以石为身，以草木为发。天久不雨，发将焦，身将热，彼独不欲雨乎？祠之无益。"

公曰："不然，吾欲祠河伯，可乎？"

晏子曰："不可。河伯以水为国，以鱼鳖为民，天久不雨，泉将下，百川竭，国将亡，民将灭矣，彼独不欲雨乎？祠之何益？"

景公曰："今为之奈何？"

晏子曰："君诚避宫殿暴露，与灵山河伯共忧，其幸而雨乎！"

于是景公出，野居暴露。三日，天果大雨，民尽得种时。景公曰："善哉，晏子之言！可无用乎？其维有德。"

（《晏子春秋·内篇谏上第一·景公欲祠灵山河伯以祷雨晏子谏》）

景公出游，问于晏子曰："吾欲观于转附、朝舞，遵海而南，至于琅琊。寡人何修则夫先王之游？"

晏子再拜曰："善哉，君之问也！闻天子之诸侯为巡狩，诸侯之天子为述职。故春省耕而补不足者谓之游，秋省实而助不给者谓之豫。夏谚曰：'吾君不游，我曷以休？吾君不豫，我曷以助？一游一豫，为诸侯度。'今君之游不然，师行而粮食，贫苦不补，劳者不息。夫从高历时而不反谓之流，从下而不反谓之连，从兽而不归谓之荒，从乐而不归谓之亡。古者圣王无流连之游、荒亡之行。"

公曰："善。"命吏计公禀之粟，藉长幼贫氓之数。吏所委发廪出粟，以与贫民者三百钟。公所身见癃老者七十人，振赡之，然后归也。

（《晏子春秋·内篇问下第四·景公问何修则夫先王之游晏子对以省耕实》）

上述两则短篇足可看出，这是两篇典型的会议特写。从会议特点看，均是有组织、有领导、有目的的议事活动；从会议三要素看，议论、决定、行动全都具备；从特写写作上看，聚焦一点，重点刻画，有细节，有情节，故事完美，可读可品，以民为本，主题突出，堪称特写佳作。前者背景是齐国大旱已久，景公召君臣研究对策，提出增收一些赋税用于祭祀灵山河伯，而君臣不置可否。晏子直言反对，动之以情，晓之以理，说明祭祀无益，不如身体力行，做点实事。景公依言以行，结果"天果大雨，民尽得种时"。其间，故事起伏跌宕，人物情感丰富，既定且行，"景公出，野居暴露"，虽有迷信色彩，但作为会议特写范例，议事情节生动，行动细节感人，甚为妙哉。后者所问及其答对，亦大显深意，景公出游，询问如何做才能效法先王之行为，晏子感觉答对能够付诸行动了，于是先恳切地夸赞景公问得好，思考得深，继而直言而对说，出游不应是简单的游玩，而应该是考察工作的良好时机，要多为民办实事，办好事，如若不然，就会荒于游玩，劳民伤财，导致民怨沸腾，古代圣贤君王出游时没有这些流连、荒亡的行为。景公听从了晏子的规劝和建议，将出游变成救助贫民、救治老弱疲病之人的考察活动。如此议而有决，决而有行，行而有果，生动活泼，情理交融，感动人心，有利教化，自然是值得叫好的会议特写。

由此也可以看出，从古至今，可入会议特写的题材非常广泛，因为会议是为工作服务的，工作范围有多大，会议特写的范围就有多大。不仅如此，会议特写还是对历史进程的记录，如同新闻图片和影视一样，承载着历史发展的忠实记忆。不是吗？正因为记者抓住了邓小平最后一次会见外宾的历史镜头，以会议特写的方式记录下了《难忘的时刻》，才有了收录到《人民日报70年通讯选》的精彩篇章，成了极其宝贵的生动活泼的历史史料。收录到此书的还有《"中国人民从此站起来了"》，其副标题就直接冠以"中国人民政协第一届会议特写"，不用说，对于新中国成立后，中国人民政协第一届会议的报道一定会有消息、图片、影视品等，为什么还会安排记者采写一篇会议特写，其中定是别有意味。这里不妨先看看此篇会议特写的精妙描述：

"占人类总数四分之一的中国人从此站立起来了。"毛主席在中国人民政治协商会议的开幕词中说："我们团结起来，以人民解放战争和人民大革命打倒了内外压迫者，宣布中华人民共和国的成立了。"

这是人民民主新中国开基立业的盛典。这个盛典是一九四九年九月二十一日，在人民首都北平举行的。毛主席宣布这个盛典正式开幕，乐队立即奏起人民解放军进行曲，礼炮在会场外隆隆齐鸣。……中共代表团在大会上，成为党派代表的首席；毛主席进入会场时，全场起立鼓掌达两分钟之久。他的开幕词经常为热烈的掌声所打断……

宋庆龄先生在会上讲话，她说人民政协的成立“是一个历史的跃进。”……中共的领导加上全国民主力量的团结，使得革命胜利了，人民政治协商会议召开了。会场的一切，都反映了这种真实的情况。

……看吧！在主席台上，悬挂着孙中山、毛泽东的巨幅画像，画像中间是人民政治协商会议的会徽。会徽正面为一地球，地球中间是一幅红色的中国地图。地图上面有四面红旗，象征四个朋友，地球左右饰以麦穗，地球上面饰以车轮，麦穗与车轮表示着农民和工人，车轮中间缀一红色五角星，象征着工人阶级的领导。整个会场是这个会徽的具体表现。六百多位代表，包含了中国人民民主统一战线中各阶级、各民族的代表人物……大会济济一堂，真是空前的民族大团结……

人民把会场布置得朴素而壮丽。会徽后面衬着杏黄色的幕布，在中国，这种颜色是象征庄严与伟大的。……新华门油漆一新，鲜红夺目，两边竖着八面红旗。门下挂着巨大宫灯。这一切，都给人们一种富有生命力的印象。……现在真正解放了，相信不要很多时候，新中国就会建设得很好。在各方面送给大会的贺幛中，充满了这种赞美与自信……

全世界的进步人士都在注意着我们，向我们欢呼庆祝。……我们有力量，有信心，“让那些内外反动派在我们面前发抖罢！”（毛主席在大会开幕词中语）

（1949年9月22日《人民日报》 记者 李庄，略有删节）

从特写充满激情的文字中可以读出，中国人民政协第一届会议是多么鼓舞人心。这是新中国第一届人民当家作主的会议，标志着中国人民从此站起来了！第一届政协会议就是新中国开基立业的盛典。对此盛典的报道，仅消息、图片报道显然是不够的，加上音视频也不能代替会议特写的功能。细读此稿不难发现，激情澎湃的记者把读者带进了激情澎湃的会场，让读者如身临其境般地享受着盛典的感染。毛主席进入会场时，全场起立鼓掌达两分钟之久。他的开幕词经常为热烈的掌声所打断。这样的热烈场景唯有特写才能够描绘出来。这样的会议特写其文字就有着极大的张力和感染力。记者还对人民政协会徽进行了特写镜头般的描写，表明中国人民政协的性质、影响和组成结构，以及她在全世界和全中国人民心目中的地位。可见，会议特写的倾情刻画沁人心扉，给予读者的自豪感，是消息、图片甚或视频报道都无法替代的。特写还以大会济济一堂，象征空前的民族大团结，将新华门油漆一新，两边竖着八面红旗，这一切都给人们一种富有生命力的印象，标示着中华民族本来是富有生命力的民族。最后用毛主席在大会开幕词向全世界宣告，“让那些内外反动派在我们面前发抖罢！”会议特写豪迈地宣告着新时代的开始和旧时代结束。尽管当年刊发此稿的报纸纸张早已发黄，但记录时代的会议特写至今依然散发着蓬勃的青春气息，更彰显着会议特写的强大活力。

会议特写的题材可以是历史性大事件，但更多的则是日常工作中的小议题。笔者在过去采写了大量会议性特写，许多篇章获得好评，得到同行赞誉和专家评析，享受到了会议特写出其不意的快感。笔者还曾应约写过会议特写报道的体会文章，题目叫作《“会海”中寻觅美丽的贝壳》，其观点是，做党报记者，经常参加各类会议，能否在“会海”中觅得一两枚美丽的贝壳，写出点带彩的报道，是值得探索的。现在新媒体时代同样如此，参加会议是常事，如果不当回事，就会失去很多机会，枉费了大好时光，那是很可惜的。新闻记者必须时刻在状态，不论什么时候都要想着抓点东西出来，参加会议更是要想着鼓捣出点独家所见所闻的东西，会议特写则是最好选择。笔者曾经抢抓过《“监督就是支持”》《特殊的新闻发布会》，其影响不亚于规模宏大的通讯报道，成为人人称道的好新闻。此处再引述《省长聘“高参”》加以剖析，意在说明会议特写的特有影响力：

5月9日上午，山西省政府梅山会议厅，30位优秀民营企业家从省长和副省长薛军手里接过“省长特邀联络员”的大红聘书，笑靥里透出自豪。

“今天发给大家特邀联络员证书和聘书，是为了畅通言路，让大家当高参。”刘振华省长说，“山西的民营经济仅占全省国民收入的15%，与沿海地区民营经济相比差距很大。今年全省民营经济占国民经济的比重要提高5个百分点，难度不小。大家不光要把联络员的证书拿在手上，更要把发展民营经济的事放在心上。”省长的讲话赢得了阵阵掌声。

……山西第一个在香港证券市场上市的民营企业——山西正中实业集团有限公司的董事长说：“把民营经济作为突破口来抓，这是认识上的一个飞跃，我们要当好民营经济的领头雁，更要当好省长的‘参谋’。”

（2001 年 5 月 13 日《人民日报》，略有删节）

不用说，为了发展民营经济，召开会议，大张旗鼓地特聘民营企业家作为省长联络员，尽管级别不低，但也是再寻常不过的会议了。没想到，笔者用心采写的会议特写，不光上了党中央机关报，而且上了头版，还载入了“现场短新闻征文”栏目。其根本点就是给小特写注入了大主题，即“发给大家特邀联络员证书和聘书，是为了畅通言路，让大家当高参”。同时也说明“把民营经济作为突破口来抓，这是认识上的一个飞跃”。正因为此，此会议特写才获得了头版重要稿件的殊荣。这里想说的还在于，不是只有重大题材才能成为会议特写，更多的好题材就在日常工作生活中。问题是如何让会议报道出新出彩，成为特写的常青树。在体会文章中，笔者想到，要使会议特写成为有范的品种，关键是要努力做到“精”，即精深的采写，精彩的题目，精练的语言，精巧的结构：

一是采写要精深。别以为是小小不然的特写，别看是习以为常的议题，记者进入会场，第一位的是要快速进入状态，快速抓住主题，快速猎取所需要素，一切为着主题转。

二是题目要精彩。新闻稿要提炼，会议特写更要提炼，尤其要提炼出个好题目，题目有神，才会吸引人。

三是语言要精练。会议特写切忌拖泥带水，照抄材料，面面俱到；

要用自己的话去说，有自己的语言特色；提纲挈领地写，拎着秧儿找金瓜，努力做到“语不惊人誓不休”。

四是结构要精巧。特写讲求短小，更要结构精巧，如同古文短篇，文如看山不喜平，要在“螺蛳壳里做道场”，跌宕起伏才有读头。

最最要紧的是，会议特写要做精，一要实实在在听会，二要实实在在做文。既然去开会就老老实实坐下来听，用心听，动脑想，心随会动，脑随会转，尽力捕捉闪光点；实实在在做文，就是小稿也要下真功夫，杀鸡不妨用上宰牛劲。小特写更得谋大局，从工作会议指导性出发，写出会议特写制高点。

时令与节庆特写

时令与节庆不仅在自然气象上紧密相连，而且与民生、民乐、民意密不可分，因而也应纳入特写的范畴，成为独立的时令特写，或节庆特写。这方面，中央和地方各大媒体每年普遍开展的“新春走基层”，就是以特写短篇的方式，反映岁末年初，各地民众辞旧迎新生机勃勃的新气象，与古代重时令节气及节庆活动而留下太多的名篇趣文一样，有着一脉相承的渊源。

时令，随时之政令也。上古时候，时令与节气系为一体。古人常把四季叫四时，最完整地表述四季概念的典籍是《礼记·月令》，以及《吕氏春秋》《淮南子》相关篇章。《礼记·月令》按孟、仲、季的顺序，将四季分为孟春、仲春、季春、孟夏、仲夏、季夏、孟秋、仲秋、季秋、孟冬、仲冬、季冬十二个月，另有立春等相关节气和物候的描述。古人又根据北斗斗柄、太阳、月亮和地球运行规律，结合十二月令等，将全年划分为二十四个段落，即传承至今的二十四节气，朝廷循时颁发政令，依节气交替、物候变化，安排祭祀及农事活动。二十四节气又与生态资源保护密切相关，体现着古人对自然的无上敬畏，更有益于社会和自然的和谐发展。如《礼记·月令》对孟春之月就有着如此精妙描述：

是月也，以立春。……立春之日，天子亲帅三公、九卿、诸侯、大夫，以迎春于东郊……

是月也，天气下降，地气上腾，天地和同，草木萌动，王命布农事……民必躬亲之……

是月也，命乐正入学习舞，乃修祭典，命祀山林川泽，牺牲毋用牝。

禁止伐木，毋覆巢，毋杀孩虫、胎夭飞鸟，毋麛毋卵毋聚大众，毋置城郭……（略有删节）

著名作家许辉先生在其《中国人的四季》中说，四时迭起，万物循生，四季之义大矣。此言不谬。从上述简短的文字中可以看出，人们敬天畏地，循时而动，绝不懈怠，也绝不敢妄为。立春是一年之始，天子要亲帅各级官员迎春祭祀；立春之时，草木萌动，天子要发布农事命令农人亲耕田亩；立春之日，要乐师入学习舞，修订祭祀典则，命令祭祀山林川泽的牲畜不能用雌性；禁止砍伐树木，不要捣毁鸟巢，不要杀死幼兽、胎兽、刚出生的飞鸟，不要捕杀小兽，不要掏取鸟卵。不要聚集大众修建城郭，不搞耽误农时的大工程。如果春天来了，不去耕种，秋天来了，不去收获，那就是改变天道，隔绝地理，伤及人伦，是注定要失败的。

二十四节气是中国古代人民的伟大发明创造，早已渗透到中国人的精神文化生活之中。在诗词曲、戏剧、小说、雕塑、绘画、工艺等各种艺术形式中俱有体现。比如《清明上河图》直接在标题上就显示出二十四节气的艺术美。杜甫在《小至》中有“天时人事日相催，冬至阳生春又来”。陆游的《时雨》更描绘出活泼泼的家事生产场景：“时雨及芒种，四野皆插秧。家家麦饭美，处处菱歌长。”

二十四节气亦已走向海外。君不见，北京冬奥会开幕当天，恰逢中国传统的立春。立春是二十四节气之首，中国用自己特有的二十四节气作为开幕式倒计时，成为最具特色的神来之笔，更是对中国传统文化最浪漫的传承和发扬光大。如此隆重的奥林匹克运动会，如此富有诗意的开幕式，各家媒体抢抓独到新闻，以立春为由头，争相做好北京世界冬奥会报道。相比较，中新社的开幕式特写《今夜北京，世界雪花共舞》略胜一筹，记者读懂了开幕式总策划人诗一般的意图，在立春与冬奥雪花的交融中，升华着北京冬奥会的不同凡响：

> 世界上没有两片一样的雪花，但在今夜的北京，它们却如此和谐地共舞。
>
> 冬奥开幕日，正逢立春时。立春，为二十四节气之首。倒计时从24这个数字开始。二十四节气，中国古代先民与自然相处中的智慧总结，一年时光轮回，道出中国人对时间的理解。
>
> ……
>
> 一滴冰蓝色水墨从天而降。如“黄河之水天上来”，倾泻而下的浪涛凝结成一片晶莹剔透的冰雪天地。一方巨大的水从冰面中升起，凝固成冰。过往23届冬奥举办城市的历史，随着环绕全场的24道“激光刻刀”的雕琢，闪回其上，最终定格为“2022中国北京”。
>
> 这是近百年冬奥史上第24届盛会。……
>
> 6名冰球运动员击打冰面，冰块逐渐破碎，雕琢出一个晶莹剔透的冰雪五环。……这样的“破冰”让人们走近彼此内心……

冰雪五环下，国家和地区体育代表团从冰雪雕刻的“中国门”和“中国窗”中走出……

每个代表团的引导员手持雪花造型的引导牌，六个边角犹如传统的中国结。东道主中国体育代表团入场完毕后，引导员手持雪花向场地中央聚拢，所有的雪花聚合成一朵大的雪花。

……

这是“更团结”加入奥林匹克格言后的首个冬奥会。伴随着列侬《想象》的歌声，4 组运动员在雪花飞舞中于冰面之上留下长长痕迹，呈现出奥林匹克引人深思的格言：更快、更高、更强——更团结。

……如果说 14 年前“同一个世界，同一个梦想”表达出中国对未来的一种呼吁，此刻“一起向未来”则是中国向世界发出的响亮召唤。

孩童手拿着一只只洁白闪亮的鸽子灯自由欢愉地奔跑，脚下是晶莹的星星雪花……

“雪花，雪花，开在阳光下，在故乡，在远方，都一样开放……”主题歌《雪花》唱响，这一刻，小雪花在大雪花中翻舞，大雪花被和平鸽围绕，和平鸽则将心与心紧密联结。

两名中国“00 后”运动员将最后一棒火炬放在大雪花之上，大雪花腾空而起。虽是微微之火，但在今晚的夜空却足够闪亮——因为它照亮的是环绕其周围的每一朵小雪花，而它们又来自于世界每个角落。

火光闪亮，今夜北京，世界雪花和谐共舞。国际奥委会主席巴赫曾说，国际奥林匹克运动遭遇疫情重创，人类如同在幽暗隧道中摸索前行。这一道微火，在寒冷日子里给人以直抵内心的温暖，又给人以迎接春天、找寻生机的期盼。

（中新社北京2月4日电　记者　邢翀，略有删节）

将二十四节气融入北京冬奥会开幕式，是对中国传统文化的绝好传承。中国要走向世界，世界也需要中国。只有是民族的，才是世界的。世界的雪花共舞在北京，共舞在中国立春的这一天。当烟花创造出立春字样时，世界共同为北京冬奥会喝彩。特写突出了立春的气息，突出了中国人的智慧，中国人对时间的理解，以及致力于向世界展示“更快、更高、更强——更团结”奥林匹克精神的决心和意志。冰雪下的五环，立春时的冬奥，雪花飞舞中晶莹闪亮的鸽子灯，“最后一棒火炬放在大雪花之上”，“这一道微火，在寒冷日子里给人以直抵内心的温暖”，再次体现出“世界雪花和谐共舞”的梦想。诗一般的北京冬奥会开幕式，诗一般的开幕式特写，立春时节雪花飞，从同一个世界，同一个梦想，到一起向未来，蕴含着双奥之城北京对世界发出的美好呼唤。如此富有激情的时令特写，把特定的节气与世界梦想结合在一起，展示出了新闻特写所饱含的最最可爱的春的气息。

时令可以让新闻充满诗情画意，节庆更是新闻不可忽略的不竭源泉。二十四节气指导着古时人们全年的生产和生活；节庆更是伴随着时令节气，从古至今，将人类生产生活装点得更为丰富多彩。其实，节庆早已天衣无缝地与新闻报道结为连理。立春前后有春节，随之就是元宵节，传统有清明节、端午节、中秋节，现在又有植树节、劳动节、教师节和记者节等，无论什么节庆都有着丰厚的文化底蕴，都有着读者十分关注的热点，都值得记者用心去打点，和时令特写一样，努力捕捉特定时节中的新闻“活鱼”。北京冬奥会开幕日，记者抓住恰逢立春节气做足了文章，采写出新鲜活泼的时令特写；中央媒体普遍开展的“新春走基层”，更让众多媒体和记者在节日的氛围里尽得风流。中国记协已连续多年组织“新春走基层”活动，也连续多年举行“新春走基层”作品评选，许多优秀作品带着节庆的浓郁气息，让来自基层的节庆新闻如花带露，芬芳迷人。且看2021年优秀获奖作品《山沟里好消息连连》：

腊月十六，雪后初晴，翻山梁、穿沟道，顺着硬化路，记者来到甘肃省甘谷县磐安镇西坪村。

群山环抱的西坪村，被“锁”在三县交界处，曾是全县最后3个贫困村之一：163户人家，建档立卡贫困户就有95户，贫困发生率达60.58%。

以往，三九四九，墙根底下一蹲。如今，正是冬闲时节，村里却很少有人闲着。

“如今啊，工夫都花在了农田里，架豆王长不好都难。”村民王国平说。

原来，这些年为了找准脱贫路子，各级干部遍访农户、调研分析，请专家、找把式，为西坪村“把脉”，最后因地制宜找准了特色产业——种植架豆王，村里的海拔、气候刚合适。

“党组织为咱找出路，只要肯干，土里能生金。”王国平在自家地里种下了两亩架豆王。他悉心照料，去年就获得丰收，两亩架豆王一共挣了1万多元。

“去年，村上发展基建，用工的地方多，我得空就去打工，每天能挣120元。”王国平算了笔账，架豆王的收入，加上自己务工挣下几千元，在外地务工的儿子过年能带回近3万元。全家人年收入4万多元，人均纯收入过了万。

村里人都直说没想到，山沟里种出紧俏菜，县里的合作社上门收购架豆王。如今，全村种植的架豆王达到300多亩，户均增收1万元。

如今的西坪村，晚上亮起了路灯，建成了文化广场，健身器材一应俱全。原来的青泥滩，被打造成河堤风情线，流水潺潺。这家盖新房，那家娶媳妇，还有人家买了车。去年，西坪村整体脱了贫。山下的大标语振奋人心：幸福都是奋斗出来的。

产业起步，西坪人珍惜来之不易的好日子。如今，村里又建成3座养殖场，采取“公司＋农户”的模式运营，圈养一年出栏。“我也打算入伙养牛。集中养牛，集体出售，自己少操心，还能卖上好价钱。”王国平信心满满。

“咱这山沟里好消息连连，日子越过越红火。”王国平起身，给炉子里添了块硬柴，本就很旺的炉膛，火苗又往上蹿了一节。

（2021年2月3日《人民日报》 记者 王锦涛）

特写通过农户王国平一家的幸福生活，反映了贫困山区农民靠党的脱贫政策，走出了科技加勤奋的致富路。像北京冬奥会巧借二十四节气，策划富有诗意的开幕式，中新社记者抓住开幕式上立春时令情景做活新闻特写报道一样，《山沟里好消息连连》特写也抓住新春即将到来的节庆之日，将新闻做得风生水起。开篇记者就欢愉地写道：“腊月十六，雪后初晴，翻山梁、穿沟道，顺着硬化路，记者来到甘肃省甘谷县磐安镇西坪村。”腊月，是岁末十二月的别称，古时它的别称还有腊冬、残冬、穷冬等，可见这是冬闲无事的日子，然而记者的笔墨却别有新意，看“以往，三九四九，墙根底下一蹲。如今，正是冬闲时节，村里却很少有人闲着”。为什么？“‘如今啊，工夫都花在了农田里，架豆王长不好都难。’村民王国平说。”在他看来，“党组织为咱找出路，只要肯干，土里能生金。”幸福都是奋斗出来的，王国平还想着加入公司养牛，让日子越过越红火。特写结尾更是意味深长：“王国平起身，给炉子里添了块硬柴，本就很旺的炉膛，火苗又往上蹿了一节。”结尾与开头相呼应，让岁末的冬日里，洋溢着百业兴旺、暖意浓浓的春节喜气。

“新春走基层”分解开来，一是新春，二是走基层，《山沟里好消息连连》既体现了走基层的意味，也在开头强化了新春临近的气息，一句“腊月十六”点化到位，自然说明距离春节已经不远，下面的文章就此展开。所以，无论是时令特写，或是节庆特写，都需要在时令、节庆的时间点上做足文章。笔者过去几十年间，每年都会着意做好时令和节庆方面的特写报道，有些特写因为事先虑事周详，新闻也抓得精妙，还颇得好评。比如《让带“长”的顶岗》，就是“踏破铁鞋无觅处，得来全不费功夫”的意外惊喜：

除夕那天，合肥市交警支队和各执勤大队带“长”的干部及机关后勤人员走上了干道口的值勤岗亭。

大年三十，谁不想合家欢聚、吃顿团圆饭？可是那寒风中的交警不行，神圣的使命已使不少交警多年未能在家过年了。“让带‘长’的顶岗！”交警支队领导决定今年除夕由机关干部上岗，让一线的交警回去过个团圆年。

此令一出，响应者可真不少。支队和各大队的领导以及机关干部120多人，愉快地“顶”下了20多个岗位上的交警们。在三孝口岗亭，支队政委李德成和副支队长霍永江组成搭档，一个站台指挥，一个游动疏导。支队长颜景炬带人流动巡逻，一个个精神抖擞，好不威风。

带“长”的顶岗，感动了交警，更感动了那些盼望团圆的交警的家人。梁天习和父母及女朋友吃上了团圆饭，一家人直夸领导想得周到。被大队长“赶”回家与家人团聚的陶军，饭碗刚放下，又被家人“赶”回了岗位，去替换为他顶岗的副支队长。在文明执勤、文明服务中，交警支队官兵的行动又给这座全国文明城市带来了浓浓春意。

（1998年2月2日《人民日报》）

作为长期驻地记者，对所在城市的神经系统是再熟悉不过了，如果加上时令节庆的新闻敏感，要抓些事关民生、民乐、民意方面的特写，无须特意的“走基层”，也会是随处可遇的。让带“长”的顶岗，这事儿不用说，不是刻意采访得到的，想来就是与朋友般的交警支队领导聊天时意外捕捉到的。正是有了时令节庆的衬托，“除夕那天，合肥市交警支队和各执勤大队带‘长’的干部及机关后勤人员走上了干道口的值勤岗亭”就成了新闻，而且是“大年三十，谁不想合家欢聚、吃顿团圆饭？”特写如此一个反问，又跟上“可是那寒风中的交警不行，神圣的使命已使不少交警多年未能在家过年了”。无疑增添了新闻格外引人的意趣，所以当“交警支队领导决定今年除夕由机关干部上岗，让一线的交警回去过个团圆年”，特写自然上升了个大格调，陡增了节日温馨氛围，给城市最要紧的肌理带来绵绵情谊。接下来几个小细节生动活泼，既有机关干部的街头身影，又有基层交警与家人团圆的场景，还有支队官兵相互体谅的画面，一个节庆小特写同样给这座全国文明城市送上了喜气洋洋的春意。

其实，做个新闻有心人，节庆期间会采写到一篇又一篇精彩的特写，为节庆的气氛增光添彩。不过，此处想说的是，不光时令和节庆可以采撷太多的好特写，就是“节庆”二字，也可拆分开来，做更多的别样新闻。“节”指节日，“庆”指喜庆，就是说，既可写好节日的新闻特写，也可关注特别喜庆之时的新闻特写。所谓喜庆之时，与时令和节日之喜气又有所不同，其不同的喜庆特色正是最值得展示的特写新闻。这在古文中就有着明显区别。不妨读一下苏轼的《喜雨亭记》：

亭以雨名，志喜也。古者有喜，则以名物，示不忘也。周公得禾，以名其书；汉武得鼎，以名其年；叔孙胜狄，以名其子。其喜之大小不齐，其示不忘一也。

余至扶风之明年，始治官舍。为亭于堂之北，而凿池其南。引流种木，以为休息之所。是岁之春，雨麦于岐山之阳，其占为有年。既而弥月不雨，民方以为忧。越三月，乙卯乃雨，甲子又雨，民以为未足。丁卯大雨，三日乃止。官吏相与庆于庭，商贾相与歌于市，农夫相与忭于野，忧者以喜，病者以愈，而吾亭适成。

于是举酒于亭上，以属客而告之，曰：“五日不雨可乎？”曰：“五日不雨则无麦。”“十日不雨可乎？”曰：“十日不雨则无禾。”“无麦无禾，岁且荐饥，狱讼繁兴而盗贼滋炽。则吾与二三子虽欲优游以乐于此亭，其可得耶？今天不遗斯民，始旱而赐之以雨，使吾与二三子得相与优游以乐于此亭者，皆雨之赐也，其又可忘耶？”

既以名亭，又从而歌之，曰：“使天而雨珠，寒者不得以为襦；使天而雨玉，饥者不得以为粟。一雨三日，伊谁之力？民曰太守，太守不有，归之天子；天子曰不然，归之造物；造物不自以为功，归之太空。太空冥冥，不可得而名，吾以名吾亭。”

此文为北宋文学家苏轼所作，是篇散文，也是篇特写，围绕有雨、不雨、盼雨、民以为雨不足、直至久旱逢足雨，于是“官吏相与庆于庭，商贾相与歌于市，农夫相与忭于野，忧者以喜，病者以愈”。此时，官舍之亭始成，作者将“雨麦、有年”的期冀，与民同忧同喜，全部寄情于雨，又与客相聚于亭，共话雨与农的忧喜相关，充分反映了作者重农、爱民的仁政思想，与当今希农兴、盼民富有着极其贴切的现实意义。这是篇忧喜同庆的特写，因雨而忧，又因雨而喜，无雨则“岁且荐饥，狱讼繁兴而盗贼滋炽”，有雨则“相与优游以乐于此亭”，其喜庆与民休戚相关，突显出了特写的重大主题。如此一来，其短篇特写就与一般的古代亭台之记大为不同，如韩愈《燕喜亭记》、欧阳修《醉翁亭记》、曾巩《醉心亭记》，或记人，或记游，或记事，多为即景应酬、兴之所至之作，而此文则事关民生、民乐、民意，是大喜所望之后的用情之作，与生活中万众欢庆的重大成就，或影响深远的庆典是一致的。因而明代文学家杨慎赞誉曰：“此篇题小而语大，议论干涉国政民生大体，无一点尘俗气，自非具眼者，未易知也。”以小见大，此处所说的小，为建亭事小；所说的大，即国政民生之体大。由是小中寓大，也就少了俗气，多了大气。这，正是古文大家借亭庆之际，以特有的文字记录下忧民之忧、喜民之喜的博大胸怀。这种喜庆特写，也是日常生活中必不可少的新闻种类，有着时令节日的相类似之处，又有着喜庆独有的体例特质，运用得好，就能够使日常报道丰富多彩。也正因为此，笔者在过去也曾采写过许多篇此类喜庆典章，借庆典以弘扬地方以小见大的新鲜事物，有的还成为了一时传诵的佳作。比如《不寻常的第三个一万台》：

12月20日，安徽叉车集团厂区里彩旗招展，一派喜气。上午9时，又一辆崭新的叉车缓缓驶下生产线。“安徽叉车集团今年第一万台叉车下线啦！”车间内响起经久不息的掌声和喝彩声。

“这是今年集团生产的第一万台叉车，也是不寻常的第三个1万台。”集团公司董事长、总经理刘汉生非常激动。他说：“安徽叉车集团实现第一个1万台用了30年时间，第二个1万台用了3年，而今年一年实现产销1万台，约占全国产销量的一半。”

安徽叉车集团是怎样实现大跨越的呢？集团公司党委书记王健告诉记者，实现“三大跨越”是集团坚持走新型工业化道路的结果。1985年，叉车总厂引进了日本TCM公司1至10万吨的制造技术；1990年，叉车总厂又与日本合资创办了安东铸造公司；2000年，安徽叉车集团投资建设了自己的具有国际先进水平的生产线。从引进技术到引进管理，安徽叉车集团一直坚持走创新、奋进的创业之路。

“自己的孩子自己爱，她最后要下嫁给谁呢？”王健颇为幽默地提问，引起大家一阵欢笑。王健又大声宣布：“她嫁给中国二汽集团啦！”

（2002 年 12 月 24 日《人民日报》）

论新闻影响力，这也许算不了什么，但参与了如此庆典，从中还是思考了许多。三十年、三年、一年，其跨越式发展的巨大成就令人深思：企业事小，但小中见大，见的是改革开放中方方面面都应有创新、奋进的精神，企业应如此，国家和个人亦应如此，大家都做到了，国家繁荣、社会进步就会指日可待。笔者由庆典现场想到全国大局，就把喜庆特写提升到了新高度，因而也就将本不好见报的小事，变成了足以体现重大意义的特写。由此，笔者也想到，要采写好时令、节庆新闻特写，必须切记个中三昧：一是把此类富有诗情画意的时间节点要突显到位，只有指向清晰才能将相关特写做得颇有意味；二是挖掘出时令、节庆下新闻故事的深意，以小见大才能远俗气，出大气；三是写法上要追求情趣，以荡漾起伏之笔，欢快明朗之语，尽显成风化人之隽永深意。

情景特写

情景特写也是新闻特写的一种，而且是非常重要的种类。有的称此为场面特写，或景物特写，笔者认为，还是称情景特写为好。情景者，情感与景色之谓也。情景特写一在情，二在景，写景是为情服务的，情是写景的根本目的。以景寄情，情真而动人，情景交融才最能感染人，教化人。场面特写，或景物特写就不同了，其场面和景物描写，往往只是为烘托气氛服务，不能很好地与情感相交融。另外一点，场面和景物描写也多用在文学作品上，为人物活动服务，传承的是文学因子。这样的文学作品可以给人美的享受，是培养文学家的土壤，却不是传道之器，达不到文以载道最直接的作用。比如以景物描写为主的《水经注》，其中一段《三峡》选入了中学课本，且试品读比较一下看：

自三峡七百里中，两岸连山，略无阙处。重岩叠嶂，隐天蔽日，自非亭午夜分，不见曦月。至于夏水襄陵，沿泝（同溯）阻绝。或王命急宣，有时朝发白帝，暮到江陵，其间千二百里，虽乘奔御风，不以疾也。春冬之时，则素湍绿潭，回清倒影。绝巘（yǎn）多生怪柏，悬泉瀑布，飞漱其间，清荣峻茂，良多趣味。每至晴初霜旦，林寒涧肃，常有高猿长啸，属引凄异。空谷传响，哀转久绝。故渔者歌曰:“巴东三峡巫峡长，猿鸣三声泪沾裳。”

（中华经典藏书《水经注》）

细品此段自然景物的描写，真是太精彩了。全文不到一百五六十字，可谓字字精炼，句句动人，反复吟诵，自有一番沁人心脾之美感。远看三峡以下两岸数百里，重岩叠嶂，除了中午和午夜时分，就根本看不到太阳、月亮；其江流湍急，用王命急宣相比喻，就是乘奔御风也不如沿江而下迅疾；春冬时分，江上又是一番景色，素湍绿潭，悬泉瀑布，林寒涧肃，高猿长啸，哀转久绝，可谓凄冷，所以才有渔者所歌曰:“巴东三峡巫峡长，猿鸣三声泪沾裳。”《水经注》的作者郦道元，是北魏以“威猛以治、不避权贵”而著称的官员，更是地理学家和文学家，不光倾其心血著述了中国第一部全面、系统的《水经注》地理名著，而且文笔绚烂，语句清丽，具有极高的文学价值，对后世诗人、散文家都有着重大影响。不说别的，唐代伟大诗人李白《早发白帝城》，其诗句“朝辞白帝彩云间，千里江陵一日还。两岸猿声啼不住，轻舟已过万重山。”与郦道元《三峡》中“或王命急宣，有时朝发白帝，暮到江陵，其间千二百里，虽乘奔御风，不以疾也”两相比较，一文一诗，如出一辙，岂不证明了郦氏名著之影响深远？郦氏精美的文笔不仅影响了诗人如李白者，更影响了古文大家如柳宗元。有研究认为，郦氏文字新颖多变，不用陈词滥调，许多语言惟妙惟肖，新鲜灵动，完全出于自己心手，也直接影响到柳宗元游记创作。例如郦氏在卷二十二《清水注》中有:“绿水平潭，清洁澄深，俯视游鱼，类若乘空矣，所谓渊无潜鳞也。”柳宗元《永州八记》中的《至小丘西小石潭记》，也有类似描写，说:“潭中鱼可百许头，皆若空游而无所依。”说鱼游深潭，郦氏用以“类若乘空”，柳氏则以“皆若空游”，可见其影响至深。然而，无论游记，还是诗句，无不是景物和场面的具象表现，是文学名篇，却谈不上于世有补的治世之理，更没有情景特写所应有的深层底蕴。

新闻是事实的记录，更应是于世有补的良药。古人云：“文者，贯道之器也。”古文如是，新闻特写亦应如是。新闻报道既要报道新闻事实，更要明是非对错，知善恶美丑，激发人们向上向善。留下《永州八记》千古名篇的柳宗元，不仅有优美的游记，更有“文以明道”的类似今天新闻特写的情景名文传世，其《永州韦使君新堂记》就是一例。为什么这样说呢？此古文名篇作于元和七年（812 年）。当时柳宗元任永州司马，刺史韦宙是他的顶头上司。在韦使君新堂落成的时候，作者以其生花妙笔，道出了韦使君乔迁之喜，清明之治，让人油然心生一种顺应自然的美感，更有意义深邃、积极向上的借景生情：

将为穹谷、嵁岩、渊池于郊邑之中，则必辇山石，沟涧壑，陵绝险阻，疲极人力，乃可以有为也。然而求天作地生之状，咸无得焉。逸其人，因其地，全其天，昔之所难，今于是乎在。

永州实惟九疑之麓。其始度土者，环山为城。有石焉，翳于奥草；有泉焉，伏于土涂。蛇虺之所蟠，狸鼠之所游，茂树恶木，嘉葩毒卉，乱杂而争植，号为秽墟。

韦公之来既逾月，理甚无事。望其地，且异之。始命芟其芜，行其涂，积之丘如，蠲之浏如。既焚既酾，奇势迭出，清浊辨质，美恶异位。视其植，则清秀敷舒；视其蓄，则溶漾纡余。怪石森然，周于四隅，或列或跪，或立或仆，窍穴逶邃，堆阜突怒。乃作栋宇，以为观游。凡其物类，无不合形辅势，效伎于堂庑之下。外之连山高原，林麓之崖，间厕隐显，迩延野绿，远混天碧，咸会于谯门之内。

已乃延客入观，继以宴娱。或赞且贺曰：“见公之作，知公之志。公之因土而得胜，岂不欲因俗以成化？公之择恶而取美，岂不欲除残而佑仁？公之蠲浊而流清，岂不欲废贪而立廉？公之居高以望远，岂不欲家抚而户晓？夫然，则是堂也，岂独草木、土石、水泉之适欤？山、原、林麓之观欤？将使继公之理者，视其细，知其大也。”

宗元请志诸石，措诸壁，编以为二千石楷法。

（中华经典藏书《古文观止》）

此短篇与其写景记游的《永州八记》大为不同，如此精妙绝伦地写景状物，完全是为情感服务，为抒发作者治世主题思想相匹配，读后感觉是，情为主，景次之，情景交融的目的就在于“视其细，知其大也”。在此篇柳文中，写景是为了塑造足以“楷法”的官吏形象，传达的是“因俗成化”“除残佑仁”“废贪立廉”“家抚户晓”的宏大喻意。对于主人公韦宙，《新唐书 · 卷一百九十七》有翔实记载，说他为政简易，在永州，遇灾市粮于民，制律教民，兴学化民，合作助民，罢冗员，远陋习，保民安，民皆以为好官。如柳文所说“韦公之来既逾月，理甚无事”，可见韦公治大州如烹小鲜，无为而治，举重若轻。主人公为政有方之才，又体现在建造新堂馆上，在别人“求天作地生之状，咸无得焉”，而主人公“望其地，且异之”，于是“始命芟其芜，行其涂，积之丘如，蠲之浏如。既焚既酾，奇势迭出”。继而“乃作栋宇，以为观游”。结果景观大异，作者用大段文字描写了改造后的奇异景色，而且恰当地运用拟人、比喻等写景状物手法，由内及外，由近及远，把原本“乱杂而争植，号为秽墟”之处，收拾成为风光无限的万千气象。不过，这一切景象描绘，都是为主体情趣作铺垫，为抒发主人公善政益民的封建吏治思想服务，即“见公之作，知公之志”。行文至此，作者借景抒情，所要表达的完全是“化、美、仁、廉”的为政观，也明确彰显了作者鲜明的政治抱负和寄望。这，岂不正是情景特写所要传递的社会价值取向么？

借景寄情，以情动人，写景的目的完全是为突出情感，突显新闻事实的核心思想，达到教育人、感染人的作用。这一点，主张“文以载道”“文以明道”的古文做到了，此后的新闻特写报道，在以景生情、以情化人方面更是日臻完美。此处要说的是，既然借景寄情，那就要尽力将景写足，写充分，写景如蓄势，势足够强大了，才能使情感顺势表达。当然这又不同于游记，不能为了写景而写景，于情无关的景大可以不写，不能因景而多情，亦不能因景而夺情，应集中笔墨，写与情有关的景，越细致越好，越引人越好。这方面例证很多，且看新华社特写稿件《开城前线停火情景》：

新华社开城前线27日电 本社记者报道朝鲜停战协定签字后开城前线停火的情景说：一九五三年七月二十七日晚间，夜光表的指针正指在二十二时（朝鲜时间）上，具有历史意义的时刻——朝鲜战线全线停火的时刻来到了。中国人民志愿军开城前线指挥部，遵照金日成元帅、彭德怀将军的停战命令，通过战地电话网，命令开城前线我军的步兵、炮兵、坦克部队和高射炮兵部队全部停火。我方的炮火停止了射击。在板门店中立区两侧的砂川河和大德山一线我军阵地上的扩音器，向敌军士兵播出了为他们所欢迎的消息："停火了"。炮声停止了，枪声停止了，继续了三年零三十三天的朝鲜战争至此停火了。顷刻前还是战火纷飞的战线，现在，弥漫空中的硝烟与火药气息，逐渐消失在夏夜的凉风中。

光荣的开城保卫者——来自长江两岸、华北平原以及贺兰山麓的中国人民优秀儿女们，在这时都为争取到朝鲜战争停战的实现而欣慰，同时警惕地注视着停火后的战线上的动静。从美、李军阵地上，传来一阵阵吵嚷和狂笑的声音，冲破静寂的夜空。月光下隐约可以看见，美、李军的士兵们从泥泞污秽的地堡里钻出来，拼命地喊叫着、跳着、唱着。他们庆幸自己还没有成为这个战争中的最后的牺牲者。

记者从汉江北岸我军前沿阵地上回首北望，松岳山远远地矗立在开城背后。三年前，李承晚集团在美帝国主义的唆使下，就在这个山上，向人民的北朝鲜打出了他们的"北伐"侵略战争的第一枪。可是，今天松岳山远远地留在停火线的北方了。现在的这条停火线，比起两年前我军所守卫的战线，向南推进了三百三十多平方公里。松岳山成了历史教训的纪念碑，它标志着企图以军事力量来"统一"朝鲜的黩武主义者的失败。

（1953年7月28日《人民日报》）

继续了三年零三十三天的朝鲜战争终于停火了，这是多么难得的胜利，这是用血与火换来的胜利，这是最值得抒发的胜利豪情！围绕着这份豪情，记者用特写的方式报道描绘着前线的停火事实，标题上就用了“情景”二字，可见情景特写的重要。此情景特写简短而欢快，除了第一段详尽地对事实作了交代外，接下来就是一次又一次的情景描写，所有的情景描写，都聚焦于最后的抒情，既说明了战争的残酷，又说明了为正义而战，正义最终会战胜非正义的豪迈情怀。且看记者是怎样描写敌我双方有关停火情景的，在我方：“我军阵地上的扩音器，向敌军士兵播出了……‘停火了’。炮声停止了，枪声停止了……顷刻前还是战火纷飞的战线，现在，弥漫空中的硝烟与火药气息，逐渐消失在夏夜的凉风中。”而敌方却是另一番景象：“从美、李军阵地上，传来一阵阵吵嚷和狂笑的声音……月光下隐约可以看见，美、李军的士兵们从泥泞污秽的地堡里钻出来，拼命地喊叫着、跳着、唱着。他们庆幸自己还没有成为这个战争中的最后的牺牲者。”记者以自己的细心观察，用生动的笔墨记录下了停火前线的真情实景，而且用上细腻的对比手法，将敌我双方不同情景再现出来，生动鲜活，引人注目，发人感叹，就是为了向世界宣示正义必胜的真理。

情景特写讲求先有景后有情，以景触情，然而，在新闻报道中，有时候也会先有情后有景，以情示景。这里所说的“情”，相当于主题先行，即先有了主题思想的引导，然后再去观察写景，以景证“情”，继而提升报道思想性和影响力。主题先行在报道中常见，在情景特写中也是经常遇到，而且恰恰先有了主题，才更有利于采访和写作。比如笔者曾采写过小特写《选梨王》，那是在市场经济刚刚兴起之时，稿件开头第一句就体现了主题思想的引领，说明了“选梨王”的重要意义，然后再剥笋式地逐景展开。且看：

市场经济讲究优质高效，梨乡人懂得这个理。中秋节前，酥梨之乡——安徽省砀山县为此搞了个别开生面的活动：选梨王。文告一出，四乡八里的老少爷们，嫁女娶媳妇般踊跃送选。县里找专家评，让生产者比。然后，各路梨王汇聚县城领奖，热闹得如同赶大集。

看，唢呐《梨乡欢歌》声中，葛集镇的龚传英老汉，上台领取了酥梨优质一等奖。他肩搭汗巾，一脸喜气。问到绝招妙方，他说："侍弄树也得实打实。酥梨要酥脆、味甘、汁多，得给好肥料，俺几十棵梨树全施芝麻饼肥、好磷肥，外加果树专用肥，才有这个好成色。"专家介绍，老龚的梨含糖分在15%以上。老龚一笑："买果的都往俺果园里钻，梨还没下树就给订购光了。"

赛梨中，专家们又增设3个串果特别奖。原来良梨乡崔龙明家两年生果枝上挂着12个果，重9公斤。他修剪得法，妙笔生花，该收则收，该放就放，通风透光，枝壮叶茂，人家3年吐蕊，他两年就让结出一大串。

接着，祝振云领走了新品种奖，刘全献获得大香水梨奖，最后上台的是名叫德勇的小伙子"独占花魁"，捧走了梨王大奖杯。台上台下赞声四起："乖乖，一个梨3斤8两，真少见。"小伙子嘿嘿一笑："没有新技术，咱可跟不上大市场，赚不了大钱。"几句话换来一片巴掌声，满堂欢笑声。

选梨王选出了梨乡人的精神头儿，选出了梨农新的市场观。县领导借此鼓劲：愿梨乡多出梨王，早奔小康！

（1993年10月11日《人民日报》）

可以看出，此篇特写在点出主题之后，重点就放在了场景和情节、细节的描写上。一是龚老汉上台的场景，二是修剪果树能手的表现，三是梨王的业绩，以及他们各自不同的细微情态，总体是突出了市场经济条件下，梨乡开展梨王大赛现场欢天喜地的情景效力。虽然看上去像是会议特写，其实质还是偏向于情景描写，应为情景特写，而且是先议后叙式的特写，以情景描写强化主题先行的重要，最后又以县领导的话，呼应开篇主题思想，而且是充满激情地高调呼唤："选梨王选出了梨乡人的精神头儿，选出了梨农新的市场观……愿梨乡多出梨王，早奔小康！"领奖情景如此鲜活灵动，岂不是一个主题突出的微型情景视频剧吗？

说到主题先行的情景特写，笔者想到著名新闻大家范敬宜先生的一篇《这里的仓库空荡荡》。那是1991年，国内经济疲软，市场滑坡，但安徽一家冰箱企业却产销两旺。一行记者前去采访，看材料，听介绍，在采访离开的前一刻，范敬宜抽空又去仓库看了一眼，他观察到，几百平方米的仓库里空空如也，但角落里却有一溜冰箱。范敬宜问："你们的仓库总是这么空吗？"回答说："我们的冰箱供不应求"，"那这些冰箱是怎么回事？""已经卖出去了，因为下雨，先搁在这里。"好了，记者的观察验证了采访所得，还有如此富有趣味的对话，一篇情景特写立马而成，让许多记者惊诧不已而又自愧弗如。事后有人问，我们记者团并没去参观仓库啊，范敬宜说，百闻不如一见，我就比别人多看了一眼。这一眼，其实就是主题先行的一眼，有了这一眼，才有了妙手而得的情景特写佳作。

因此可以说，记者采访不光靠脑瓜想，靠嘴巴问，靠耳朵听，还要靠眼睛观察，有时还要靠鼻子闻，比如《"星级厕所"看文明》，其中"芬芳的茉莉花香"空气清洁剂味道，就发挥了鼻子的妙用，如此一来，情景特写必须运用好听觉、视觉、嗅觉、触觉、味觉等多种手段，尤其需要运用好眼睛观察进行采访。只不过，有时是观察在前，有时是访问在前。观察在前，主要是触景生情；访问在前，主要是主题先行。两者都少不了观察，少不了集中提炼。所以要强调一下，无论观察在前，还是观察在后，都要发挥眼睛的功力，观察得细，才能更好地表现主题；同时还要强化抓取最有用的景色，只有景色对准了情感，情景交融才最为感人；必须调动笔墨，用最简洁贴切的语言，才能让情景特写更为鲜活生动。

古今比较看特写短篇的特点和要求

前面说到，特写有着极为久远的历史，许多传世经典如《世说新语》等，所载众多的精彩短篇，就是当今所说的特写；唐宋八大家以教化济世为目的，用心经营精短篇章，与特写相比也同出一族。那些短章，一事一文，言简意赅，无不是为了真切而神速地纪事明理，传达己意，明世致用。对此，欧阳修《归田录》中亦说：“余平生所作文章，多在三上，乃马上、枕上、厕上也。盖惟此尤可以属思也。”“三上”体现的是时间短促，思虑较深，成文快捷，这与新闻特写的形成和传播极为相似。战争年代、非常时期，新闻要快速传播，短而小的特写即应运而生。到了今天，非常状态下，特别情势中，以及平凡的生活里，精短的新闻特写，愈加显示着特有的迷人姿态。

这一切都源于特写自身固有的特点。

特写是什么？特写原本是拍摄电影的专用术语，为美国早期电影导演格里菲斯所创用。因其取景范围小，画面突显，视觉清晰，聚焦高强，从繁杂的事体中分离出来，造成观者思绪上的悬念效果。

特写较早还是报告文学的一种，其特点是抓住现实生活中人物和事件的某种特征性部分，作集中、精致、突出的刻画描写，达到高度真实性与强烈艺术感染力相统一。

特写还是广播术语，是运用语言和实况音响，以类似电影特写镜头的方法，真实突出地再现客观事物、人物及其活动场景某一局部的专稿形式。

无论是电影中的特写镜头，还是文学形式中的特写种类，以及广播中的专稿，都与新闻报道中的特写根脉相通，而作为传统新闻传播形式，特写又有着自身的独具特点，那就是以事实为素材，以艺术表现为手法，进而形成新闻报道重要体裁。如今特写之前有时又冠以“小”字，使它与众多特写家族相比较愈显得玲珑娇俏。特别是在融媒体时代，特写作为文本写作上的“基础工程”，以其雄厚的文字底蕴和写作技法，结合互联网无限广阔的新技术，制作出了更多可视、可听、可感的短视频和音频新闻，在新媒体上造就了太多的“现象级传播”。

然而，曾经有一段时间里，文章以块大为美，通讯越写越长，消息和特写不少人不愿意触碰了，就连被宣传、被报道者，也往往不屑于体量短小的消息和特写，讥笑之为不起眼的“豆腐块”。那么特写的特点又如何发挥？包括现场短新闻在内，特写报道又将何去何从呢？

现场短新闻与特写的比较

新闻呼唤改革，文风亟须改进，短小精美、现场感强的特写等，理应进入新闻主阵地。于是，20世纪90年代初，在中宣部倡导下，中国记协组织在全国范围内开展了一场由各类媒体参加的现场短新闻评选竞赛活动。评委会随之成立，评选标准相继出台，其具体条件是：

1. 作品要坚持一个中心、两个基本点，反映社会生活要真实、鲜明、准确、及时。对物质文明和精神文明建设所产生的社会效益要好，影响较大；提倡采写反映重大主题思想的新闻作品。

2. 作品突出现场感，形式新颖、生动，可读性、可听性、可视性较强。电台和电视台的新闻作品提倡现场口头报道。

3. 参评作品要求短而精。

报纸：文字限制在1000字以内；

广播：时间限制在5分钟以内；

电视：时间限制在3分钟以内。

后来从获奖作品分类看，其体裁种类既包括短通讯、特写、消息，也有速写、侧记、来信等，其内容涉及的题材更是非常广泛，对前面说到的特写题材和种类亦是极好验证。

当然，那时候互联网新媒体还处于萌芽时期，但可以说，就是新媒体蓬勃发展的今天，对新闻特写，以及新媒体相关产品，拿现场短新闻的评选标准来看，其题材和种类，以及传播需求，都依然很有现实性，也很有参考价值。特别是广播和电视新闻时长要求，就时效性效果而言，与短视频等融媒体产品要求基本一致。

回过头来看，当时搞现场短新闻评选，目的很明确，就是针对当时作风、文风存在问题展开的，即报道越来越长，会议越开越多，记者整天泡在会议上，假大空的报道让读者倍受煎熬。那个时期，连新闻界都在呼吁，要短下来，快起来，好起来，纷纷通过倡导现场短新闻，赶着记者下基层，多写现场感强，有趣味、有思想、有温度的好新闻。

也正是轰轰烈烈地接连搞了几届评选，使现场短新闻很热了一阵子，也真正涌现出了一大批好看耐读的现场短新闻，以及各类精短报道体裁。在此基础上，也才有了一大批针对现场短新闻的业务理论研究成果，才有了彭朝丞先生的专著《现场短新闻写作概要》。但是作为值得提倡的报道形式，现场短新闻是不是就可以代替特写了呢？它与传统意义上的特写，以及西方所提倡的特写，还有与新闻侧记、花絮、故事等有什么同与不同？是不是特写或小特写就可以退出历史舞台了？

其实，首先不能如此简单粗暴地下结论，不能说特写就要让位于其他融媒体和新产品。看一看艾丰先生《新闻写作方法论》有关特写的定义，即可看出特写应有的地位。他说："一些好的现场短新闻，常常是一篇生动的特写和速写。著名的消息《刘胡兰英勇就义》可以说是这样的一篇代表作。"

艾丰先生给予的定义已很明白，现场短新闻与特写相比较，是外延和内涵的关系问题，特写的外延大于现场短新闻，换言之，现场短新闻只是特写的一种。以此相推论，我们不妨说，还有新闻速写、侧记、来信、随笔、素描、剪影、包括散文式消息等各类短新闻，都理应要归属于特写序列。

当然，就是这些同属特写系列的细小门类，由于体裁不同，各自定义和表现形式也有细微差别。就说速写吧，艾丰先生认为，速写是与通讯类似的体裁，更与特写相近。与通讯的区别是，它的篇幅一般要比通讯短得多，在写作的方法上，速写一般多采用素描方法，简笔勾勒。其实，速写与特写往往是很难区别的。如果硬要区别的话，那么，在取材上，特写更讲究要抓取最有特色的局部，而速写不一定这样要求，它可以用素描的笔法，简要地勾勒事物局部或事件的全过程。

那么特写又是与通讯较为类似的体裁，要说有所不同的话，艾丰认为，它与通讯的区别是，特写所选取的报道着眼点，往往不是事情的全部或完整的过程，而是事情的某个局部、片段，甚至是某一个情节或细节；对选取的部位，着力去写，而对其他的方面则往往是一笔带过，甚至带也不带。

艾丰先生还提到前面所说的《桌上的表》，他认为，说它是速写也可以，因为它用最简要的笔法，勾勒了解放军战士看到那漂亮的表，想到打仗也很需要表，但谁都没有拿，其笔法简洁，完全用白描勾勒，没过多渲染或拔高；说它是小通讯也行，因为它较为完整地描述了从发现事物，到最后完美保持不动的全过程。但从根本上看，说是特写最为合适，因为它集中就写了那一只表，没有涉及其他，而且是用强化手法，突出而特别地三次写到表“嘀嘀嗒嗒”地走着的“特写镜头”。

同理而论，我们通常提到的新闻侧记、记者来信、素描、随笔、剪影、散文式消息、小故事，以及现场感特强的内参等，也是各有些微变化。新闻侧记与特写极为接近，都是重点突出一个方面，但侧记则更注重面上的东西，而特写则重在点上；记者来信则重在问题，场景描述及人物活动只在其次，特写恰恰在场景和人物描写中体现问题，寓主题于描写之中；素描、剪影属于同一类型，都是用简笔勾勒，线条式表现，体现新闻的可观可感，与特写相比，线性的东西多，不如特写效果强，不及特写富有冲击力；随笔与西方的特写有些相似，写作上松散，立意上不大集中，生动性和感染力也不及特写，相对于随笔，特写亦更为具有冲击力。

说到西方特写，虽说有特写二字，却与中国新闻特写完全不同。美国学者丹尼尔·威廉森在《特写写作技巧》对特写的定义是："特写是一种带有创作性的，有时也带有主观性的文章，旨在给读者以精神享受，并使他们对某件事、某种情况或对生活中的某个侧面有所了解。"从这一定义来看，西方所说的特写，主张创作性、主观性和趣味性，而不是中国新闻特写讲究的特写镜头，不是一时一地一事，而是创作和主观发挥，在篇幅上也是"只要有趣，写多长都行"，这样在事实基础上的任性写作，只能说是特稿，和我们所说的新闻特写完全不是一个概念。

不过，丹尼尔·威廉森《特写写作技巧》所说的技巧依然可取，他说："特写文章（特稿）就是讲故事。"还说："特写作者作为一个讲故事的人，是用文字来作画的。他使读者在头脑中形成图像。他使读者与主人公产生感情共鸣，从而把读者引入故事中去。"西方的特稿需要讲故事，中国的新闻报道一样需要讲故事，通讯要讲故事，消息追求散文化，也要讲故事，短小精悍的特写新闻更要讲故事。不光要讲故事，而且因为特写篇幅短小，特别是小特写，在有限的字数里，要讲好故事，还必须特别看重讲故事的技巧，这就需要下功夫研究，以及坚持不懈的实践，实践，再实践。

说到讲故事，还要厘清故事与特写概念上的些微区别。新闻特写需要讲故事，但又不同于纯粹的故事。通常所说的故事，是文学体裁的一种，属于口头文学，侧重于事件过程的描述，强调情节的生动性和连贯性，较适合于口头讲述，比如历史故事、寓言故事、成语故事等。这些故事可以虚构、夸张，甚或张冠李戴。新闻是事实的报道，任何时候都不允许虚构，记者绝不能用自己的想象来夸大事实。新闻报道中的讲故事只能是在准确无误的基础上，运用讲故事的技巧，增强新闻报道的生动性和感染力。特写报道更应该学习讲故事的技巧，在较为短小的篇幅里将新闻事实更为感人地描述出来，篇幅越短小，越要有讲好故事的技能。特写还包括散文式写作的消息，同样注重讲故事，非常接近于素描、速写、剪影之类，去掉电头就是通常所说的特写、小特写，或现场短新闻等，因而被纳入了全国现场短新闻评选之列。

这里还要特别指出的是，小特写比之特写，要求着笔更细腻，篇幅更短小，情节与细节更精彩，角度与结构更精巧，语言与形式也更新颖。同时，还要强调，无论特写、速写、侧记、来信、素描、剪影、散文式消息，或现场短新闻等，都只在笔墨章法上有各自特殊要求，而对于题材用料上，却没有什么宽与窄的规定，那就是说，在现实生活中，可以写成特写、速写、侧记、来信、素描、剪影、散文式消息，或现场短新闻等的东西很多，题材选择范围非常广泛。另外一点，在古文大家手上，许多传世经典，许多以事实为基准的短小篇章，无不重在文以载道，对题材范围等并没有什么局限，只是在写作具体技法上，则更为灵活多样，千变万化。因而，在这里，我们结合古今传世短章分析，以及特写非凡的发展历程，不妨描绘一下它的突出特点，那就是——新、深、小。

从古今短篇比较中看特写的特点

新，指事实新。新的事实，新的传播，新是特写短篇的最大特征。特写、小特写，包括现场短新闻、速写、侧记、素描、剪影、散文式消息等，应着力选择现实生活中新近发生的具有普遍社会意义的各种事实。反过来说，凡是新近发生的具有社会意义和社会广泛关注的事实，都可以进入特写的镜头，都可以成为特写选择和表现的对象。如疫情防控期间有哪些事实可以进入特写镜头呢？不用说，大敌当前，所有抗疫行为都可纳入特写和小特写镜头中。医护人员是冲在第一道防线最能拼命的勇士，当然是新闻报道的顶尖聚焦点。其实放开眼界去看，能够进入特写镜头的事实非常广泛：社区管理和服务，民警和保安，出租车司机和快递小哥，菜果和米面的供给，外援和内部的衔接，国外和国内的遥相呼应，只要把镜头对准某个方面的事实，用心抓取那些动人的情节和细节，都能够成就一篇又一篇新闻特写，制作出许许多多高质量的融媒产品。当然也有一些需要监督抨击的丑恶事实，同样可以用特写，以及类似于特写的新媒产品去批评揭露，真正发挥其以儆效尤的威力。

可以说，只有新闻记者想不到，没有哪里不能捕捉到的好新闻。人民日报海外版为什么一开始就吸引了那么多眼球，赢得那么多点赞，就是因为他们前后方主动出击，和读者一起急切地关注着抗疫一线，采写刊登了一篇又一篇来自方方面面的精彩特写，以及由特写延伸而出的短视频等。总体来看，既有一线医护人员拼力救治，又有海外侨胞倾心相助；既有粮农、菜农、果农的默默给力，又有医护亲属间相互传递出的后盾深情。当然，其他众多媒体也是新媒巧制，图文视频，各展其能，佳作迭出。由此也足以看出特写和短视频等融媒产品，肩负起了多么重大的时代重任。

非常时期、紧急状态下是这样，平常社会生活中，又何尝不是如此。从现场短新闻评选获奖作品所涉猎新闻事实面来看，有反映中央领导活动的邓小平宣布退出政治舞台的《难忘的时刻》，也有守礁官兵的《华阳礁上补给忙》，丰收不忘国家的《未上金榜的售粮模范》，注重农家环境卫生的《侗家厕旁议实事》，所报道的社会面可谓是无所不包，无题不精，无文不美，更加说明特写有着无限广阔的用武空间。

特写所涉猎的事实面很宽，这在中国新闻事业发展的初始阶段就可见一斑，翻开《中国优秀通讯选》可以看到，我国早期新闻工作者黄远生，就以卓越的才华，首创了新闻通讯文体，其内容广泛、写作鲜活精悍，着实令人拍案叫绝，因而被誉为“报界奇才”。他特别倾情报道新近发生的各种重大事实，各种重要的人物事件，而且语言通俗生动，能够抓住具体的场景细节，写出活灵活现的人物。如《外交部之厨子》，写一个自前清到民国的外交部姓余的厨子，他“连结宫禁，交通豪贵”并花钱买了“花翎二品衔”，从社会最底层混进上层，狐假虎威，左右逢源，干涉政务，无所不为，在政治上极具讽刺意味，从而揭露了当时政界的腐败与阴暗，文章虽短，却富深意和新意，就是今天读来也是趣味隽永：

自前清恭王管理总理衙门时代至于今日之民国外交部，其间易若干管部亲王，易若干尚书侍郎，易若干司员，至于今日又将易若干总长，而始终未脱关系者，则余厨子其人而已。此厨子之声势浩大，家产宏富……在满清时代，连结宫禁，交通豪贵，几另成厨子社会中之大总统。

庚子变后，西太后及光绪回銮时，西太后研究媚外主义，乃大宴各国公使夫人及在京东西洋贵妇人，耗资巨万，人所共知也。其时议和大使李鸿章，以世界外交之雄才，参与樽俎之事，已为西太后雇一著名西洋厨夫，以备供奉，既已得面许可次日入御。至于次日，西太后忽谓李鸿章曰："我看明日请客，还是请用外务部的厨子罢。"此厨子运动力之大，乃至能力回西太后之意，与中外赫赫之李鸿章对抗，其他可知，厨子以此，亦所赢不资矣。

……故各司员中之无耻者，则待厨子以丈人之礼称为老伯，见厨子则鞠躬如也。汪大燮氏自外部司员历跻侍郎，未尝受此厨子分文馈进，故厨子稍惮之。一日汪赴贺庆王之宴，方及门，遥见厨子方辉煌翎顶，与众客跄济于一堂，愕然不能举步。厨子见汪大人来，则亦面发赪而口嗫嚅，仓促中避入侧室。汪亦未遑久留，退而告人，谓今日余厨子尚是给我面子，可为荣幸，北京旧官场中传以为笑也。

……（略有删节）

细读以上所截取的几段文字，足见其庄谐并用，人物刻画入木三分，将外务部一厨子的邪僻之能量描写到了极点。小人物，大社会，通讯针砭时弊，充分揭示了当时官场上的腐败丑陋。余姓厨子，家产宏富，以厨子之便，结交权贵，堪称"厨子社会中之大总统"。黄远生以生动事实说话，列举余厨子通过西太后，改变李鸿章外交宴会要用西洋厨夫的主张，还有外务部新晋侍郎官汪大燮，赴贺庆王宴会“遥见厨子方辉煌翎顶，与众客跄济于一堂，愕然不能举步”。汪大燮是晚清至民国时期外交官，政治家，北洋政府国务总理，与厨子相认识时任外务部长官，厨子因为还没有与其“交通”过，故对汪有所忌惮，而汪亦“未遑久留”，足见余厨子之耀武扬威到了极点。此时汪的惊诧，厨子的窘态，旧官场的腐败，惟妙惟肖，跃然纸上。事实是，直到 1912 年 3 月 30 日陆征祥赴任首任外交总长，坚持对各部员考察后再任命的原则，余厨子才最终离开外交部。此事不但国内知情人称快，连西班牙等国报纸也当新闻刊出，可见余厨子臭名昭著，劣迹远扬。

黄远生被称为“中国第一个真正现代意义上的记者”，又是一位新文化运动的先驱者，因善于采写新闻通讯而久负盛名。《外交部之厨子》既是篇人物通讯，也堪称人物特写，此后被许多新闻传播大学作为范文经典研读。他提出记者“四能”说，即“脑筋能想”“腿脚能奔走”“耳能听”“手能写”，此篇特写应是黄远生“四能”说的最好体现。特别是黄远生往往闻风而动，既有卓越的采访能力，又能够抓住具体细节，具体的场景，具体的对话等，进行绘声绘色的描写，达到出神入化的程度。所以说，新闻无疆界，“四能”显威力，细微之中见深意，作品就有生命力。

当然，追溯古文历史，与特写相类似的传、记、状等短文，以及种种以短小故事为主的典籍，无不是以史实为主，为后世之警醒。前面说到的《晏子春秋》《世说新语》，均同属此列。研究者将《世说新语》划定为中国古代志人笔记代表，其实大多来源于历史实录，有的则堪称特写，或小特写。此书记载了东汉末年至南北朝刘宋初年近三百年的人物及其事件，其内容题材包罗万象。全书 1130 则，分为

36篇，列于卷首的为德行、言语、政事、文学，即所谓“孔门四科”。从汉代开始，这四科就一直作为考察和品评士人的重要准则。接下来还有方正、雅量、识鉴、赏誉、品藻、贤媛等诸多方面，按今天的话说，涉及政治、经济、文化、民生、习俗、生态、环境等，当然更重要的还是围绕修身、齐家、治天下，重视人品、思想、胸怀，以及能力上的全方位认知。在其各类短小篇章中特别突出以事知人，以人显事，以事明理，成为今天读来依旧倍感新奇、颇觉新鲜、特富新意的短小精品，为新闻特写提供了多姿多彩的鲜活范例。

再说深。即立意深，有意义，有思想。在现场短新闻评选条件中，首要一条就是“新闻价值要高”。就是说，短新闻首先必须是“新闻”，而且是要有意义的新闻。没意义的新闻等于白开水。白开水还能解渴呢，没意义的新闻就是一种资源浪费。这一点要从新闻的自身特性和党的新闻事业要求来考虑。新闻传播是一种社会需要，自身要求就必须是有价值的新闻，人们阅读新闻为的是获取有用的信息，同时还在于欣赏玩味和增益心智。从这一点说，新闻不能做成仅供人们茶余饭后谈资一哂的庸品，而是要给予读者以教化、力量和美感。从党的新闻事业要求来看，习近平总书记在党的新闻舆论工作座谈会上强调：“新闻舆论工作最终要看效果，这个效果就是群众口碑好、社会共识强。要抓住涉及治国理政的战略问题、广大群众关注的现实问题、国内外发生的热点问题，找准思想认识的共同点、情感交流的共鸣点、利益关系的交汇点、化解矛盾的切入点，不断提高工作实效。”

基于以上要求，特写必须同其他报道形式一样，需要强化作品思想性，追求深刻立意，既要有美好的欣赏价值，又要做成社会价值很高的作品，真正赢得群众口碑和社会共识。当然，强调作品立意，并不影响特写的选材面广和求新求实的特点，而是按照总书记所说，围绕治国理政战略问题、群众关切现实问题、国内外热点问题，多从宏观方面去考虑，报道面会更宽更广；在这样的宏观意识指导下，抓住“共同点、共鸣点、交汇点、切入点”等微观之事，更会有着极为开阔的新鲜事实选择和深刻的思想挖掘。

也许有人会觉得，特写体量小，不能反映社会重大课题，因而也就不可能具有多大价值，担负不起影响时代发展的重任。其实这种想法是片面的，狭隘的，至少是误读了新闻报道大与小的辩证关系。重大事件、高层领导活动，意义重大，固然需要较大体量的报道形式，以张扬其重大的新闻价值，但也并不是说就不能以特写形式，反映其中的琐细花絮，作为补充和拾遗；另一方面，发生在基层群众中的凡人小事，读者欲知须知的新闻事实，未必就不重大，使用特写形式快捷而优美地告知读者，其体现的新闻价值就未必小。重大题材不排斥微小篇章，小事件更需要小特写快速推送，岂不说明微镜头照样可以遍览大世界吗？如果是加上音、视、图等新媒体效果的特别制作，必定会生发出更大反响。

所以说，新闻价值的大小，主要取决于新闻事实所包含的意义，有了重大意义的新闻事实，采取什么样的形式报道，有时要看效果。重大国内外活动，传统做法往往是大消息或大通讯，图文并茂，气势宏阔，没想到，《人民日报》几篇创新性的“微镜头”一出现，却引起非同凡响的反应。比较常规性报道体裁而言，特写更以有血有肉、有思想、有情趣，为受众喜闻乐见。可见，在大事件报道中，特写报道确实大有用武之地。反过来看，就是事件不大，只要精心采写，立意新颖，有高度，有温度，有普遍意义，照样会产生非常好的社会效果。此处不妨试举一例，即2006年3月19日《人民日报》在一版刊出的人物小通讯，亦即小特写——《擦鞋者说》：

南京有一个“郭师傅擦鞋店”，别人擦鞋1元一双，这里却要2元，可生意依然红火。

来到位于莫愁新寓的这家小店，可见门口醒目的牌子上写着五六个服务项目和价格，还有两句话，一句是广告：“足下生辉，走出风采”；一句是店规：“以诚信立基，做良心事业”。店里鞋架上放满了擦过或待擦的皮鞋。

郭师傅名叫郭兆松，41岁，一家三口都在这儿擦鞋，去年毛收入10万元。

他一边擦鞋一边与我交谈：

有人问我，别人擦鞋都只要1块钱，你为什么要两块？我说，这叫优质优价！同是皮鞋，有几十元的，还有上千元的不是？

我是安徽固镇人，1991年举家来南京打工，搬运工、收破烂都干过，活不轻，钱不多。有一天，在闹市区看到一字排开的擦鞋摊，生意还不错，便悄悄在旁边看，一连看了5天，一位好心的师傅收我当了徒弟。我也成了“擦鞋游击队”的一员。

2001年，在一位城管队员的帮助下，我租了间7平方米的门面，月租800元，做起了定点生意。刚开始，擦一双鞋1块钱，没有多少生意，急得直上火。暗下决心：凡事要用心，虽说是擦鞋，也要擦出点名堂来！

以我的经验，鞋油都是一样的，差别就在鞋蜡上。我就琢磨自己配，成分有蛋清、鞋乳、白醋等。那些日子，我是白天试，晚上想，觉睡不实，饭吃不香。经过近百次试验，终于达到了满意的效果。我清楚地记得，那是 2003 年 11 月 6 日，晚上我一人喝了 8 两白酒，尽兴地醉了一回：咱也有“独门秘方”了！

自从用了自配的鞋蜡，生意一天比一天好。有一天，我在理发店理发，看到染发的要用电吹风吹，灵机一动：擦鞋也可用电吹风呀！现在，我擦鞋都加一道吹干程序。刚擦过的鞋，你端一盆水往上浇，一滴不沾！这样的效果，收 2 元钱不多吧？

你问我下一步的打算？我这店也算有了点小名气，我想让妻子和儿子留在这里干，我找个地方再开新店。现在城里人有钱没时间，穿皮鞋的越来越多，自己擦鞋的越来越少，市场大得很！

（2006 年 3 月 19 日《人民日报》 记者　龚永泉）

一位街头擦鞋农民工，因为肯动脑筋，不光整出鞋油专利新产品，还琢磨出擦鞋新技术，经过大记者采写，结果上了党中央机关报，而且刊登在一版显著位置，与全国人大常委会委员长的新闻报道齐肩并排，不仅如此，编辑部还加了两句小巧的“编后”，直接点题说：“生意有大小，创新无分别。与多数企业比起来，一家擦鞋店微不足道，更谈不上有什么‘国家扶持’。但郭师傅在擦鞋中肯动脑筋，小革新照样出效益。从这个事例中，我们是不是可以悟出一点创新的道理呢？”

更为可喜的是，这篇小稿子后来又获得了第十七届中国新闻奖。

想想看，一篇小特写，文不过 800 字，事仅为擦鞋，却赢得了如此声誉，个中缘由何在？不用说，稿子自有高明过人之处，那就是小稿子有深度，从一个侧面反映了大主题，即干什么都要创新，唯有创新才有市场，才有出路。也就是主人公那句实在话：“凡事要用心，虽说是擦鞋，也要擦出点名堂来！”即经过上百次试验，研制出了属于自家的“独门秘方”。后来，人民日报地方部为这位大记者的这篇小稿子，专门召开了一场小型业务研讨会，发言的还都是业界大腕，有的说，第一大报关注小人物，大记者写好小文章，小文章折射出大主题；有的说，“写出真实依然是最基本的功夫”；有的说，好稿子是“真僧只说家常话”；还有的说，好马配好鞍，好稿子也是版面突出用出来的。综合几方面研讨者高见，可以说，新闻事件虽小，报道篇幅虽短，只要记者有真情，说出的是真话，写出的新闻事实有文采，有思想，编辑又识货，处理得好，就一定能够获得很好的社会效应。事实正是如此，《南京日报》作了全文转载，接着又为此发表言论《创新是每一个人的事》。可见，小特写不小，反映出了一个深刻主题，那就是创新是全民族的大事情。

新闻是历史，也是镜子，读历史可以知得失，看镜子可以正衣冠，就看记者捡到的是镜子，还是土瓦块。镜子是有含金量的新闻，土瓦块是立意不深，没有多少价值的新闻。我们所做的，就是要多捡镜子，少捡或不捡瓦块。这一点在战争年代，在特殊时期还好说，在平时就是一种考验。《表的故事》《西瓜兄弟》《鸡毛信》等，那都是战火连天中的新闻；《杨伟光“千里走单骑”》《朱家兄弟和 2 万斤西芹》《最长的单人行李托运单》等，那是非常情况下的新闻。这些显然都是明摆着的新闻，容易抓得到，采写得好，不用说都是含金量挺高的作品。然而，在平常的生活中，要抓条新闻，抓条能够作为镜子的好新闻就不那么容易了。谁会注意到那街头普通的擦鞋匠呢？党中央机关报的记者注意到了，而且去采访，还挖出了擦鞋匠拥有了自己钻研出的“独门秘方”！当然，记者是从《南京日报》上看到的线索，只是采写得更细更好，才让《南京日报》“不大情愿”地又转载了一次。如果不是从当地报纸上看到信息，这条新闻还会捕捉得到吗？恐怕会是另外一种说法了。

因此，可以说，最考验新闻记者发现新闻、采写好稿的过硬本领还是在平时。想当年，新华社记者出外采访，在千里大草原上，暮色茫茫的冬夜里，途中投宿车马店，在烟雾与人唤畜叫的喧闹声中，与刚刚富足起来的农民倾情攀谈，以所见所闻写出了新闻名篇《夜宿车马店》，那才真叫沙里淘金，在生活的最基层捡了个“金疙瘩”：

内蒙古自治区土默特右旗今年获得历史上最好的收成，粮食总产22亿多斤，比去年增长两成；油料总产4000多万斤，比去年增长70%多。全旗350多个穷队，今年面貌都有很大变化。农村的繁荣，给集镇也带来了兴旺。不久前的一个晚上，记者来到这个旗萨拉齐古镇的车马店投宿，生动地感受到了社员们丰收的喜悦。

记者在暮色苍茫中来到车马店的时候，老远就听到里面传出庄户人爽朗的笑声和牲口的叫唤声。进店一看，宽敞的院子被进城来卖粮卖油的车辆挤得水泄不通。店堂里灯火通明，满屋子的人拉呱得挺热火。

车马店的老炊事员周二旦一边飞动着菜刀，一边乐呵呵地说：“俺在店里干了十多年，天天跟庄户人打交道。过去庄户人眉头上挽着疙瘩，如今，个个膘得脸上放光。那些年住店的，多数人拿的是红（高粱）黄（玉米）面窝头，舀两碗开水就着吃；现在可不一般了，拿着白面馒头还嫌不顺口，还要到街上买块豆腐割斤肉，打二两白干，人家就图那个美气哩！”

“那算啥美气！”坐在菜案旁的一位叫贾满贵的瘦高个老汉有点不服气地说：“上一次进城来卖公粮，俺把儿媳妇、小孙孙、老姑娘一齐拉了来，饭馆里的烧麦、馅饼、锅盔，娃娃们想吃的都尝遍了。服务员一算账，俺一次掏给他十几块。俺今年一家打了10000斤粮食，8000斤油料，光卖给国家的粮食油料就是10000斤，进钱3500块，那场面才叫美气哩！”

“贾大个子，如今你肚圆了，兜鼓了，可前几年记得你进城拉返销粮时，在店里光吃点窝头。”车马店服务员丁大叔“揭底”了。

这时，来自黄河边上十六股村的青年后生高兴宽接上话茬：“过去队里年年不分红。有次俺爹进城，说要领俺去开开眼。到了街里，一不敢进商店，二不敢进饭馆，兜里空空，怕看了眼馋。这回俺进城，一次就卖了3000多斤油料。”说到这里，高兴宽拍拍自己鼓囊囊的上衣口袋。

“小伙子买啥好东西了，叫众人看看。”不知谁这么说。

高兴宽倒实在。他打开一个大大的包袱，里边全是衣服，有媳妇的，有妹妹的，有老父亲老母亲的，什么涤纶、涤卡、弹力呢，都是时兴货。青年后生说他还打算买台切面机，给村里人加工切面，让庄户人也能吃上城里人吃的饭。

满屋子的人好像都是老熟人，越谈越起劲，越拉越高兴。车马店的火炕似乎也烧得分外热，更显得店堂里温暖如春。

（新华社1981年11月30日内蒙古呼和浩特电）

这是来自车马店里的动人故事，是记者在烟火气息中与农民攀谈，并以此为线索写作的新闻特写。稿件先总写，后分写，以庄户人的一言一行、一举一动反映现实，通篇是活生生的人，实实在在的事，字里行间折射着改革开放给农村带来的繁荣，给集镇带来的兴旺，给农民带来的实惠。全文不足千字，句句冒热气，字字含真情，小特写饱含大道理——只有改革开放才是中国和中国人民的最好出路。全篇没有作者的一句议论，没有一句空洞的政治口号，却真真切切地反映出十一届三中全会以来农村发生的巨大变化。正因为如此，这篇特写至今仍被新闻界视为模板，为人津津乐道，有大学将此列为参考教材；2007 年全国高考自学考试，亦曾将其作为阅读理解题目，可见小特写影响是多么深远。

事实上，平常生活中有着大量含金量极高的新闻，关键是如何去发现。有人说，发现新闻比写作新闻更难。其实，说到底就是一句话，只有胸中有大局，眼里才会有典型。大局是什么，大局就是习近平总书记所说的治国理政战略问题、群众关切的现实问题、国内外热点问题；怎样发现典型，或者说什么是典型，那就是要在“思想认识的共同点、情感交流的共鸣点、利益关系的交汇点、化解矛盾的切入点”上去寻找，只要胸中有那么一个“大局”，再好好聚焦能够反映这么几个“点”的事实，肯定就会不断采写出有深度、有分量的好新闻。

再说小。即篇幅短小，小而精。现场短新闻评选三个条件中，专门列出一条有关字数和时长的硬性规定，明确提倡短小。彭朝丞先生还形象地指出：现场短新闻应似黄金，体量小（篇幅短）、分量重（含义深邃）、光泽诱人（文笔清新）。与现场短新闻此项要求相比较，特写似乎更讲究短，更追求小，小而美，小而精，不少获得中国好新闻大奖的特写，其字数都远远低于现场短新闻千字以内的要求，如《擦鞋者说》《夜宿车马店》，还有上述讲到的许多特写，以及短视频等融媒产品，都比现场短新闻篇幅和时长要求短得多。就是说，新闻要简明而短小，特写和短视频等体现得最好。

这是因为，在具体采写活动中，特写讲究不枝不蔓，集中表现“一时一事 地”的新闻题材。所谓“一时”，即新闻发生的时间相对集中；

所谓“一事”，即聚焦一个独立的事件或事实；所谓“一地”，即新闻事实发生的相对集中的现场或地域。由此观之，特写之短小已经有了理论上的支撑，但采写中真要短小下来，还需要精准选择和熟练操作。就是说，想让特写短下来，并不那么容易，虽然明确了“一时一事一地”的硬核，真要短下来，小下来，如果没有金刚钻，还真难揽瓷器活。

首先要解决思想认识上的问题。必须明白，重要的、有价值的新闻不一定非要鸿篇巨制才能凸显其价值，有时候小特写或散文式短消息，或融媒短音视频等，一样能反映新闻的典型意义。“一滴水见太阳”，倒更能给读者留下极大的想象空间，起到意想不到的收效。不少新闻人也许会有些认识误区，以为唯有长新闻才能体现新闻价值，唯有大制作才能体现自己的才华，因而一股脑儿去谋划鸿篇巨制，岂不知，许多有价值的新闻，结果埋没在了没有多少价值的大量文字中，而且还会因为长稿费时费力，到头来失去抢新闻的大好时机。就拿此次抗疫报道来说，作家贾平凹从另一面给予了最好诠释，他说：“我们没有经历过战争，但正经受着这次大灾难而奋起的抗疫。武汉是主战场，全国每一个人都是战斗员……这几十天里，虽然居家隔离，身不能出户，但时刻关注着新闻，被那么多的英雄和英雄事迹感动（见2020年2月26日《人民日报》）。”作家隔离居家，和全国人民的感受是一样的，安静地待在家里，却又难以“安静地”关注着疫情，最靠得住的就是看新闻，看准确而又简洁的新闻，其中那些短小精湛的特写，以及众多简短音视频融新闻，就能有效地消解受众的焦虑。

其次是怎样才能短小下来？艾丰给出的药方就两个字，“简明”。他说：“简明实际上是两个方面的要求，简单、明了。简单不一定明了，明了也并不一定简单。我们要求的是既简单又明了。”简明是新闻写作的最高要求，因为读者最大的愿望和兴趣，就是要在最短的时间内获得最多的信息。

如何达到简明，最重要的是心中要有读者，唯此才能致力做好受众最喜爱的新闻。为着读者的需求，尽最大能力采写好简明、简洁、明快的新闻，是新闻人最大的荣耀。因此，必须明白，如果说好新闻的标准是“简明”，那么要做到“简明”就要掌握精到的采写技巧。俄国著名作家安·契诃夫曾经说过：“写作的技巧，其实并不是写作的技巧，而只是删掉写得不好的地方的技巧。”不好的地方，就是枝枝蔓蔓的地方，特写要不枝不蔓，那多余的就要砍去。邓小平在谈到简明时也说：“可以不说的去掉，该说的就可更突出。”可见，简与明有着密不可分的内在联系。

当然，契诃夫所说的删，并非挥笔砍削那么简单，而是要有惜墨如金的美学观点，也就是说，要有节制。托尔斯泰说：“没有节制感就不可能有艺术家。”要写好特写，不只是写好了删，而是要有节制地写。动笔前就要有删繁就简的思虑，也就是说，要收紧写，即拎起来写，不放笔，不泼墨，唯此才能写得简明。《擦鞋者说》的作者在业务研讨文章中讲到，那次采访聊得很透彻，得到的东西很多，也很有意味，最有意思的是，鞋蜡配方研制成功那天晚上，擦鞋者不仅喝了 8 两白酒，而且夜里睡不着，听着下雨声，想到四句顺口溜：“本人小学未读完，南京城里转一转，新发明新创造，每双皮鞋都需要。”这个细节多生动啊，可记者记在笔记上，却没有写到稿子里，只用了一句“尽兴地醉了一回：咱也有‘独门秘方’了！”然后迅速转入下一个创新情节——理发时得到的小灵感——让擦鞋也用上电吹风，即擦过的鞋，都加一道吹干程序。那么生动的几句顺口溜记者写稿没有去使用，那就是收紧写，有节制，如果不是拎起来写，而是放开笔，大撒把，还会有如此简洁明快的好新闻吗？

其实，学会简单并不难，就是千万别太“贪”，即稿件文字别太水，要时刻想着用“少许许”赢得“多许许”。美国著名记者米尔斯·洛就说过：“最好不把太多的东西告诉读者，否则你会失去他的。”鲁迅也说：“我力避行文的唠叨，只要觉得够将意思传给别人了，就宁肯什么陪衬拖带也没有。”说多了不如说少了，说少了不如说好了，恰到好处，简洁明快，不要什么陪衬拖带，就是最佳选择。

在省笔减墨上，古人为文堪称典范。别的不说，《世说新语》上描写“建安七子”和“竹林七贤”时就用笔极简，却又逼真透顶，入骨入髓。特别是对“竹林七贤”那些放荡任性的名士们的描述更是简练到位，山涛的忠厚，嵇康的慷慨，阮籍的坦荡，阮咸的洒脱，刘伶的任性，向秀的颖慧，王戎的吝俗，无不是点墨成金，描画有趣，栩栩如生。最八卦的是王戎的吝啬。《世说新语·敛啬》记载了九条节俭过头的吝啬鬼，王戎独占四条，可见其吝啬抠门至极。查阅一下，这四条文字都不多，真正是节俭到了极点：

一是说，王戎很吝啬，他的侄儿结婚，只送一件单衣，过后又要回去了：

王戎俭吝，其从子婚，与一单衣，后更责之。

二是说，司徒王戎，既显贵，又富有，房屋、仆役、良田、水碓之类，洛阳城里没人能比得了他。契约账簿很多，他常常和妻子在烛光下摆开筹码来计算：

司徒王戎，既贵且富，区宅、僮牧、膏田、水碓之属，洛下无比。契疏鞅掌，每与夫人烛下散筹算计。

三是说，王戎的女儿嫁给裴頠（wěi），曾向王戎借了几万钱。女儿回到娘家，王戎的脸色就很不好看；女儿赶快把钱还给他，王戎这才心平气和了：

王戎女适裴頠，贷钱数万。女归，戎色不说（悦）；女遽还钱，乃释然。

四是说，王戎家有良种李子，卖李子时，怕别人得到他家的良种，总是先把李子核钻坏再卖：

王戎有好李，卖之，恐人得其种，恒钻其核。

四条中，连标点符号一起，最多的字数45个字，最少的是第一条和第四条，都是20字，如果都去掉标点，也就只有16个字，但表达其吝啬却既有故事，又十分逼真。特别是“王戎有好李，卖之，恐人得其种，恒钻其核”。既讲了缘由，有好李，又讲了怕人得了好种，不再能以独家为贵，于是要将李子的核钻坏才卖出去，这就不仅仅是吝啬的问题了，而是极其可恶而又可恨，一个古灵精怪的刁钻歹毒形象，短短一二十个字就刻画得惟妙惟肖。新闻特写当然不能如此简略，但学习借鉴古文简洁明快、生动传神的描述，却是定会大为有益。

古今比较看特写短篇的写作要求

特写与古文短篇是相通的，古人简笔为文，既讲求“文以载道”“文以明道”，又讲求“言之无文，行而不远”，追求的是“文从字顺”“词必己出”。这些与今日新闻报道“有思想、有温度、有品质”的要求同出一理。所以说写新闻报道，特别是特写，或融媒体短小产品，都应该既讲深刻的思想内核，又讲外在精彩的表现艺术。许多新闻工作者在特写采写上，或精短融媒产品上，已经有了非常成功的探索，借鉴他们的经验，结合不断发展的新媒体要求，从中不难品咂出特写等短而精、小而美的秘诀所在：

一是结构奇。奇与常相对。“看似寻常最奇崛，成如容易却艰辛。”此句出自王安石《题张司业诗》。张司业即张籍，唐朝诗人，安徽和县人，韩愈大弟子，以乐府诗最为见长。王诗前两句是：“苏州司业诗名老，乐府皆言妙入神。”称赞张籍乐府诗极负盛名，达到了出神入化的程度。事实确实如此，张籍乐府诗虽多用口语，却自然精辟，平中见奇。比如张籍有《秋思》云：“洛阳城里见秋风，欲作家书意万重。复恐匆匆说不尽，行人临发又开封。”看上去平平淡淡，却淡而有味，品之奇崛，形神兼备，特别是“行人临发又开封”一句，奇到了极点，恰似人所亲历一般，这就是诗歌创作的魅力，也是诗人着力追求的艺术佳境。就特写等写作制作来说，同样需要追求奇崛，以达到更高的美学巅峰。

为什么要追求奇崛呢？因为“文似看山不喜平”，如果文章没什么值得玩味，就少了让人喜爱的理由。清代袁枚《随园诗话》说：“画如交友须求淡，文似看山不喜平。”平，即行文平铺直叙，无波澜，没曲折，少情趣，读起来味同嚼蜡，甚至昏昏欲睡。古文不喜平，特写等也不喜平，一览无余自然会少了许多趣味，对古文，对特写，对短小制作，都是不可取的。

如何才能做到“文不平”呢？首先是巧设悬念，以结构见奇，打破一马平川的疲劳视觉。好比构筑房屋，江南苏州园林建筑是平中造奇，楼台亭阁，骤然起跳，而北方本以平原居多，建筑又多平顶，所以就没有南方建筑有特色可观赏，完全是结构使然。特写和融媒体短音视频等也是一样，本已篇幅和时长较短，再不讲究点结构技巧，那可真就没什么品味头了。

所以，特写包括短音视频等，先要在结构上特起来，要以平中见奇、异峰突起取胜。结构见奇，需预设悬念，引起读者关切，接下来再抖落开去，用一两个情节、三两个细节相呼应，给读者以事实上的完美感受。比如全国现场短新闻第二届荣获一等奖的作品《雨中情》就是以悬念见奇，而又以几个情节和细节相呼应，达到了扣人心弦的奇特效果：

> 大雨倾盆，江河暴涨，农田涝渍，灾情严重。
>
> 正在安徽视察的李鹏总理，心情焦虑。
>
> 14 日早晨，李鹏总理一行，驱车前往灾情严重的皖东地区。车到全椒县襄河闸口，他冒着倾盆大雨走到抗洪抢险群众之中。
>
> 总理急问：居民和财产都安全转移了没有？！

在场群众回答：转移了！

总理问：人员有伤亡吗？！

干部回答：到现在为止，人没有伤亡，财产有损失。

总理又问：企业设备、生产安全情况如何？！

滁县地区专员张友道说：大都架到高处了。

李鹏总理满意地挥手称道：同志们辛苦了！

省委书记卢荣景在暴雨声中高声说：李鹏总理代表党中央、国务院来看望大家啦！

此时，扛锹荷锄的民工含着感激的泪花热烈拍手。掌声伴着雨声经久不息。记者看到：总理自撑的雨伞水流如注，脚蹬的深筒胶鞋灌进了泥水……

时近中午，李鹏总理又急切地要去看看储粮仓库。总理一行赶到滁州市琅琊乡粮站。

总理凝视着一排排露天仓库，急切地询问：这里储存多少粮食？

站长皮新民说：有550万公斤！专员张友道说：全区有1.4万个露天仓库，有10亿公斤粮食在里边！

总理又仔细询问建一个库要多少钱，雨大了会不会漏雨、霉变，现在仓库粮食温度多高？并当场让人登上仓顶用电子测温仪进行了测试，温度为28摄氏度。此时他高兴地说道：这个很好，是土洋结合。粮食一定要保管好，老百姓收的粮食不容易啊！在场的干部群众点头连声称是。

返程路上，电闪雷鸣，大雨如注。总理一行看到：许多群众，抗洪的仍在前线拼搏，抢收、抢种的仍在田间奋战，热情很高，干劲极大。他们归来彻夜难眠。言谈中共同感到：中国人民走社会主义道路的决心是天大的困难都压不倒的！

（1991 年 6 月 18 日《人民日报》 记者张振国　新华社记者王礼贶）

特写开头即是悬念："大雨倾盆，江河暴涨，农田涝渍，灾情严重。正在安徽视察的李鹏总理，心情焦虑。"一句"心情焦虑"就给下文埋下了悬念。新闻发生在 1991 年，我国部分地区遭受百年不遇的特大水灾。灾情严重，正在安徽视察的国家总理心情焦灼，接下来将会发生什么样的故事呢？文章如此起笔，就唤起了读者阅读的欲望。

悬念之后就要交代咋回事儿，新闻描述了总理两个感人的具体情节，一是冒着倾盆大雨走到抗洪抢险群众中问询受灾情况，二是急切地赶去储粮仓库查看，随之描绘了两三个细节：总理自撑的雨伞水流如注；脚蹬的深筒胶鞋灌进了泥水；扛锹荷锄的民工含着感激的泪花热烈拍手。由这些情节和细节的巧妙组合，才有了最后的点题立意："他们归来彻夜难眠。言谈中共同感到：中国人民走社会主义道路的决心是天大的困难都压不倒的！"如此巧设悬念，又一一展开，用一个又一个镜头推进闪现，行文跌宕起伏，如果是融进声情并茂的新媒体，必将有更为精彩动人的效果。

由此可知，结构讲究丰富性，既追求奇峰突起，又强调情节和细节的水乳交融，才能在短小篇章中尽显文字风流。结构是框架，情节是事实的表现、经过和结果，细节是发展过程中的相互联系。细节是情节的血肉，情节是结构的连接，结构是叙述的骨架，三者之间相互联系，又相互补充，缺少哪一样都会造成缺憾。所以，尽管特写短小，也需要结构起梁架屋，需要情节和细节装饰美化。然后适时点题，亮明立意，以“意”统帅全文，从而形成“前有悬念，后有彻应”，形意结合，意合到底，也就实现了传统意义上的非虚构文字的精巧建构之美，以及新媒体益发多样的制作潜质。

其次是要想“文不平”，还要想法儿设置些关节点，如水流中的突兀石块，遇急流而“掀波起澜”。亦如韩愈《送孟东野序》所说：“大凡物不得其平则鸣。”在他看来，草木之声靠“风挠”，水之声靠“风荡”，金石之声靠“击”打，而我们要说，“文不平”则靠巧妙设置。刘国昌在《一招助你“文不平”》中提出：“要改变‘平’的毛病，就得要‘文不平’。”他说：“‘文不平’，就是行文要有高有低，蜿蜒曲折，时时有点小波澜。如此，人们读起来就有点味道。”他以《最长的单人行李托运单》为例，说新闻事实其实不是很复杂，但行文中却时见曲折。如前所述，此特写不光设置了关节点，而且作者还接连用上了三个设问予以强化，一是病毒肆虐，从意大利米兰往中国温州寄医疗用品，时间紧，不等人，怎么办？二是“人肉带回”办法可行，但谁来托运呢？三是意大利发生疫情，情况突然发生变化，托运人还能去吗？三处设问，就是三处设置，也是三处波澜，一波未平，一波又起，层层迭进，把人心提到了嗓子眼，一直读到最后的圆满结局，才算长长出了一口气。

古人为文最讲究“文不平”，哪怕是再短小的篇章也是如此。《世说新语》每篇结构看似自然天成，其实都是煞费苦心，暗含着波澜起伏的匠心独运，哪怕是寥寥几句的短章，也有着善结奇构的奥妙。特别是“竹林七贤”的饮酒短篇，篇篇机巧玲珑，情趣横生，其中嵇康、阮籍，尤其是刘伶，他们嗜酒成性，喝酒追求酩酊大醉，放浪形骸，狂狷十足。魏晋时期，社会黑暗，百姓怨声载道，怒不敢言，借酒消愁成了文人名士发泄内心不满与苦闷情绪的良药，唯有酒才是他们逃避险恶政治环境、灵魂短暂休憩的抚慰者。《世说新语·任诞》篇共有 54 则反映魏晋士人纵酒放达、傲骨铮铮的精神风貌，其中有关刘伶的两则妙文最为奇崛：

其一，刘伶喝酒成瘾，口渴难耐，却向夫人要酒解渴。夫人把酒倒掉，摔碎酒器，哭劝进言：“您喝酒太多，不是养生之道，必须戒掉！”刘伶说：“好吧，我自己戒不了，唯有在神前祷告才可断掉，请准备酒肉吧！”夫人说：“遵从你的意见。”她把酒肉放神案上，请刘伶言誓。刘伶跪而起誓曰：“天生我刘伶，视酒如命，一次喝一斛，五斗才解酒。妇人的话，千万不能听！”拿起酒肉，大吃大喝，顷刻醉倒。《世说新语·任诞》如此记载：

刘伶病酒，渴甚，从妇求酒。妇捐酒毁器，涕泣谏曰：“君饮太过，非摄生之道，必宜断之！”伶曰：“甚善。我不能自禁，唯当祝鬼神，自誓断之耳。便可具酒肉。”妇曰：“敬闻命。”供酒肉于神前，请伶祝誓。伶跪而祝曰：“天生刘伶，以酒为名，一饮一斛，五斗解酲。妇人之言，慎不可听！”便引酒进肉，隗然已醉矣。

其二，刘伶常常纵情饮酒，任性放诞，有时脱掉衣服，赤身裸体待在屋内。有人看到后讥笑他，刘伶却不以为然地说：“我把天地当房子，把房屋当裤子，你们诸位为何跑到我裤裆里来啦？”刘伶任性而为，却清醒诙谐，对讥刺者反唇相讥，且看《世说新语·任诞》的记载何等精妙：

刘伶恒纵酒放达，或脱衣裸形在屋中。人见讥之，伶曰："我以天地为栋宇，屋室为裈衣，诸君何为入我裈中？"

由上述两则故事看出，事奇，语奇，结构奇，先悬念，后波澜，再设机巧，古文经典就是这样，运笔生情，把任诞故事运作到了极致。两则故事读起来，觉得就非常尽兴好玩。鲁迅曾经评论《世说新语》"记言则玄远立体冷峻，记行则高简瑰奇"（《中国小说史略》）。其实全书记载均取自史实，只是文笔妙趣盎然，往往片言只语就可以鲜明地刻画出人物的形象和性格特征，实在是新闻特写理应仿效的经典。

当然，特写结构方法多种多样，除悬念起笔，还有时间顺序结构，按照新闻事件发生过程，依次而成；也有视线转换结构，跟随作者视觉安排结构行文；还有如消息"倒金字塔"结构，把最重要的事实摆在前面。融媒产品制作中还可加入截图、音响、画外音等，以丰富新媒体效果。总体要求是行文有势，巧妙制作，突出亮点，力避死板，破"平"求"奇"，方为上策。

二是角度巧。新闻姓新，新与信息之新须臾不可分离，也与新闻价值紧密关联。新闻既要有信息价值，更要有社会价值。信息价值重动态，社会价值在常态。如何识别其价值所在，最终取决于新闻敏感，取决于对新闻事实的及时判断和迅速反应，取决于报道角度的精巧变化。

重在动态的新闻，也许不太刻意于报道角度，只要求以信息传递速度为主，把最新动态信息，结合融媒体，用最好的形式迅速传播给受众，这是记者的天然秉性。某件震惊世界的大事发生，某个赛事取得打破世界纪录的好成绩，某种防疫疫苗研制成功，首先要考虑的是如何快捷准确地把消息传递出去，当然不必过多地考虑选择什么角度，劳神费力去构架一篇优美的特写，或者什么大制作。就这一点，国内不少新闻教科书上，列举了许海峰夺得奥运会金牌的新闻范例。那是在1984年洛杉矶奥运会上，许海峰不光夺得了本届奥运会第一块金牌，而且是中国实现了奥运会金牌零的突破，意义非同寻常。新华社只用了10分钟就播发了简洁精短的体育快讯《我国选手许海峰获得奥运会第一块金牌》，它的发出比路透社快5分钟，比美联社快20分钟，我们不仅获得了中国奥运史上第一块金牌，同时也夺得了这届奥运会体育报道的第一块金牌。之后，新华社又写了1000余字的现场特写《“零”是怎样突破的？》，不用说，角度选在了这一突破对中国在世界形象的深远影响。尽管特写角度好，行文妙，如果不立足快，立足“抢”（有人测算，按每小时2400字的超常写作速度计算，写到600字的时候，路透社的消息就第一个播出；写到800字的时候，美联社又第二个播出），新华社就再不能实现“同时也夺得了这届奥运会体育报道的第一块金牌”的历史记录，而且中国运动员夺得第一枚金牌的报道意义也要大打折扣。

这就是说，重在信息价值的新闻不必太过注重角度，而讲求社会价值的新闻，则必须思考从什么样的角度去体现。特别是面对以反映社会价值为主的特写，或融媒体产品等，则必须努力寻求好的角度，精妙地揭示新闻事实的意义，才能以小见大，起到见微知著的社会影响力。《“零”是怎样突破的？》选取了中国人民为之扬眉吐气的角度，特写这样写道：“许海峰的背后聚集着很多中国人，他们在期待所谓的突破。此前，‘东亚病夫’的称呼一直跟随着中国人的身影，奥运会举办将近90年之后，中国终于有了第一枚属于自己的金牌。”90年，第一块；“东亚病夫”，奥运健儿！多么强烈的反差。正因为如此，特写的角度选择了“零”的突破让世界刮目相看。泱泱大国，应该也是体育强国，世界赛事上的重大突破，说明中国书写了划时代的辉煌篇章。所以，从这一角度来看，仅有求快的消息播发，肯定不能满足中国读者更深层次的渴求，一篇颇有高度和深度的特写，让受众读之过瘾，也使金牌的意义非比寻常。

角度是用来比喻看待事物的出发点，不同的出发点，看问题的立场、观点也就不同，对新闻事实的判断，以及所采取的褒贬取舍也就不同。所以角度选择，对于新闻事实尤为重要，从什么样的角度切入，决定着对待事实的态度，也决定着新闻写作的热度，弘扬社会精神的高度。不过，角度固然重要，但并非神秘。其根本点就在于想要提倡什么，反对什么，判断的标准是党和人民的利益，是实现中华民族伟大复兴的中国梦。由此再去看待那些新闻事实，符合党的路线、方针、政策，符合群众的愿望、呼声和要求，与之相一致的就要大力弘扬，与之相违背的则要指斥。同时要关注社会问题走向，针对一些不满情绪，除了鞭挞丑恶，还要循循善诱，引导舆论向好发展。比如“来自疫情防控一线的报道”《24 小时待命，百分之百投入》，就聚焦于基层干部默默奉献的一面，体现了人民公仆“全天候”、百分之百为人民的精巧角度：

每天早上 6 点钟，罗浩就出门了，开始他一天的工作。他主要负责转运与新冠肺炎患者密切接触的人员，有时一天得转运六七批人，最远的来回有 20 多公里。

回到指挥部时，往往已经到了第二天凌晨近两点，消完毒之后，罗浩就躺在凳子上或者在值班室里眯一会儿。“忙的时候，饭都顾不上吃。”罗浩说，大家现在只要感冒咳嗽就会给他们打电话，他要24小时待命，一有群众电话，就得立马出动。

1月21日，在湖北省崇阳县天城镇防控工作会上，镇党委书记廖旦调来了一辆转运用车，但是缺一名护送司机。

“我会开，我愿去！”平日里说话不多的罗浩主动请缨。1月22日，罗浩吃完晚饭便赶往镇里的指挥部，从那时候起，他一直坚守岗位，春节也在这里度过。

罗浩1995年入伍，在部队时入了党，1996年退役后到崇阳县工作。2019年3月，罗浩来到天城镇，成为该镇一名副科级干部。

天城镇离武汉只有100多公里，人口将近20万，春节期间从武汉归来的人较多，与新冠肺炎患者密切接触人员也较多。由于很多人开始时没出现任何不适，当罗浩上门劝说他们去医院时，遇到了许多困难。

1月23日，天城镇一位60多岁老人的老伴确诊后，罗浩带这位老人到医院隔离，不料老人刚到医院，就后悔了。

“要在医院待14天，那可不行，最多我只能去两三天。”说完，老人就要回家。罗浩和县里的干部耐心给老人做工作，最后老人认识到问题的严重性，同意了隔离。

不仅要磨嘴皮子，也得有好性子。罗浩上门转运人员时，要等他们收拾好东西，到医院了还要等检查结束才能离开，每转运一个人至少得花两个多小时。罗浩说：“老百姓遇到这些事情都很害怕，我们等得久一点不算什么。”

“我现在最怕的就是上厕所，因为上厕所就得脱防护服，所以也不敢多喝水。”罗浩告诉记者，要确保自身安全，他每天都得穿戴防护服、口罩和面罩，加上医疗物资紧张，他只能将“损耗”降至最低。

罗浩的小女儿今年9岁，原本他答应这个春节在家好好陪女儿，疫情突发，他不得不食言。想女儿了，罗浩就去家附近，远远地看一会儿，有时候远远地说几句话就离开。“等疫情结束后，我一定要找时间带女儿出去玩几天！”罗浩说。

（2020年2月11日《人民日报》 记者 吴君）

在疫情防控最严峻的时候，用基层干部“全天候”投入这样一个角度，反映干部为群众着想，真是抓得巧，抓得好。在不长的篇幅里，记者不厌其烦地用一天的时间概念，说明干部的默默付出：“每天早上6点钟，罗浩就出门了，开始他一天的工作。”“他要24小时待命，一有群众电话，就得立马出动。”“1月22日，罗浩吃完晚饭便赶往镇里的指挥部，从那时候起，他一直坚守岗位，春节也在这里度过。”因为罗浩所在的湖北崇阳县天城镇离武汉唯有100多公里，“春节期间从武汉归来的人较多”，“上门劝说他们去医院时，遇到了许多困难”。所采写的事情平平常常，但要一天又一天地坚持着，最深刻的道理就是他觉得：“老百姓遇到这些事情都很害怕，我们等得久一点不算什么。”特写娓娓道来，写的是平常事，反映的是平常人，其最大愿望只是“‘等疫情结束后，我一定要找时间带女儿出去玩几天！’”角度体现深度，一天看似寻常，在生死攸关的日子里，坚持下来真不寻常，一位基层干部形象在坚守中是那样质朴可爱，其新闻价值不是异常明晰了吗？

要知道，角度不同，许多新闻就有了别样风采，在小小特写篇章中，更能通过不一样的角度，彰显出不一样的时代意义。此处再以笔者拙稿《特殊的新闻发布会》为例，说明角度转换对新闻特写的重要。论理说，一个省的特色农业发布会，在所有的会议报道中，那是再普通不过的活动了，如果发消息，省内媒体还行，要说党中央机关报，恐怕连个简讯也不能发。笔者全身心地参会，全身心地体验观察，发现特色农业发布会自身就有诸多特色，于是就围绕着“特色”视角，精心采写了一篇小特写，不仅上了党中央第一大报，而且还获得了报社好新闻奖，有同事又专此评论叫好。且看此特写是怎样做出“特色”的：

3月2日上午，太原市水利大厦会议厅里热闹非凡。全省特色农业工程启动新闻发布会在这里开出了“特色”：

特色之一，农民比干部多，搞加工、营销的比农民多，以往唱主角的新闻记者今天没当上主角。

特色之二，专家讲得比干部多，部门领导讲得比省领导多，以往只作规划的省计委成了发布新闻的主角。

特色之三，掌声给专家的多，特色农业展品摆的比发的材料多，向专家和厂家询问的农民成了主角。

省计委副主任李枝荣讲了发展优质杂粮、优质水果、草食畜牧业和蔬菜四大主导性特色农业后，省领导请农科院院长重点介绍了几项主产品的技术性问题。当讲到黑小麦项目时，省领导提议：“请中国黑小麦之父上台。”

身材瘦小的山西省农科院作物遗传研究所小麦育种专家孙善澄走上主席台，省委副书记刘泽民把位子让出来说：“这位子应该给专家坐。”台下为此响起热烈掌声。

专家讲话不一般。孙善澄说：“黑小麦蛋白质高，富含多种微量元素，能够吃出健康，吃出长寿，吃出聪明，吃出苗条，市场前景非常看好。”台上台下响起一阵又一阵笑声和掌声。孙善澄走下台来，走到黑小麦等特色农业产品展台前，争相询问的人群围了一层又一层……

（2001 年 3 月 5 日《人民日报》）

的确，新闻事实本身是再普通不过的工作性发布会，但特写聚焦“特色”视角，以不同寻常的“主角”切换，突出“农民比干部多”“专家讲得比干部多”“掌声给专家的多”，使应当成为主角的记者、省领导等成了配角，如此简洁地一二三罗列出来，真真切切地突出了会议“特色”，也写出了新闻事实的深刻含义。不仅如此，会议还穿插一个极为有趣的细节：“当讲到黑小麦项目时，省领导提议：‘请中国黑小麦之父上台。’身材瘦小的山西省农科院作物遗传研究所小麦育种专家孙善澄走上主席台，省委副书记刘泽民把位子让出来说：‘这位子应该给专家坐。’台下为此响起热烈掌声。”记者抓住了这一有趣细节，观察到当时会场一下掀起了高潮，写进文中真是神来之笔。如果就角度而言，省委副书记“这位子应该给专家坐”，这句话就是一个难得的好角度。如以此为题，也未尝不可，但角度一换，笔墨也要跟着倾斜，那特色农业新闻发布会的“特色”就要转换，必须围绕“让位”做文章，以专家活动为主结构布局。由此可见，新闻角度是可以多面选取的。

要知道，古人为文也是非常看重角度的，所不同的是，其角度大多跟着“道”走，不同的素材和题材都要为“道”服务。他们倡导儒家道统，以德行仁义为主旨，无不在刻意选取精到的表达角度。《世说新语》中“竹林七贤”受政治恐怖的压抑，大都不堪出仕，于是以清谈、饮酒、佯狂排遣苦闷，看似放荡不羁，其实骨子里却特重德行，讲究以正直行世。年龄最长的山涛，虽服务于司马氏，却行不违俗，气度雄远，而且格外看重与嵇康、阮籍等几位玄学代表人物的友谊。《世说新语·贤媛》的故事就足以彰显其心迹，但角度却是通过山涛妻子的观察评说表露出来：

> 山公与嵇、阮一面，契若金兰。山妻韩氏觉公与二人异于常交，问公，公曰：“我当年（现在）可以为友者，唯此二生耳。”妻曰：“负羁之妻亦亲观狐、赵，意欲窥之，可乎？”他日，二人来，妻劝公止之宿，具酒肉。夜穿墉以视之，达旦忘反。公入曰：“二人何如？”妻曰：“君才致殊不如，正当以识度相友耳。”公曰：“伊辈亦常以我度为胜。”

与嵇康、阮籍只见了一面，彼此就情投意合亲如兄弟，这让山涛妻子韩氏觉得山涛与他们二人的交情非同寻常，于是要像僖负羁之妻亲观狐、赵一样，来帮助山涛把把关，看看是什么让他们有如此亲密的情感。“负羁之妻亦亲观狐、赵”，典出《左传·僖公二十三年》，晋公子重耳遭骊姬之谗，流亡国外，狐偃、赵衰等人随从。到了曹国，曹大夫僖负羁的妻子仔细观察了他的随从狐偃、赵衰后，认为他们都是相国之才，一定能帮晋公子回国，并成为霸主。这是从夫人的角度，以一个女人的直观感觉，识人知人，认为狐偃、赵衰可靠而有智慧。那么，以山涛之妻来看，山涛“才致殊不如”，才情志趣不如嵇康、阮籍，但她深知老公多识见、重修为，有气度，两相互补，契若金兰，自然相当。此短文正是转换角度，以山涛之妻的观察相衬托，尽言竹林七贤既重才情志趣，更重胸怀见识，交游笃厚忠诚，实乃名士之节。联想与山涛“绝交”的嵇康，临刑前又托孤于山涛，可见他们以仁义为做人之道，彼此重德践诺，果真应验了山涛妻言。

古往今来，著文皆有所指，选取角度绝不可少。但角度虽好，却切忌太大，因为特写和短文、融媒短音视频等，本来就篇幅制作小巧，角度大了，就不好表现了。短小的篇章，和短音视频一样，想要角度切口好，就得小而巧，角度一巧，虽小不小。小角度反映大主题，巧角度更能突显“含金量”，岂不妙哉？

三是挖掘细。新闻求新，求快，更求深。快让人惊，新令人喜，深则使人思。清代著名画家戴醇士谈作画时说：“令人惊不如令人喜，令人喜不如令人思。”总体说，新闻以传播信息为主，新和快是第一位的，但这并非说不要深刻，事实是，在传播学上特别看重有深度的新闻。所不同的是，这种深刻不是高谈道理，更不是硬要贴上思想的标签，它需要通过事实抓取，通过好的描述，好的制作，让受众在真实可感的材料中引起思考。就像当前受众普遍喜欢的短视频等，那绝不是仅仅为了看后哈哈一笑，更多的还是要从中获得教益。

新闻的传播最终要引导人，教化人，促使人们更好地认识世界，更好地规划自己的行为。正像高尔基所说：“系统的、连续不断的、尽可能完整的新闻报道，应该使千百万读者不仅从中得到对他们有益的消息，而且他们能够把这些消息应用到自己的日常工作中去，能够从中意识到他们劳动的现实好处而感到安慰，并能满怀激情地去争取新的胜利。”在中外新闻发展史中，有相当多新闻作品影响着一代又一代人，重大的新闻如是，短小的特写报道亦应如此，刘胡兰英雄行为的特写报道，多少年来就一直影响着无数共产党人和广大人民群众。

社会生活中每天发生的事实千千万万，选择什么样的事实去报道，如何使所报道的事实更有深意，能够引导读者透过事实发现其重要的社会意义，特别考验记者的挖掘发现能力和内涵探求本领。特写更是如此，唯有挖掘，才能洞若观火，获得更能体现价值的东西。美学家宗白华在《美学家寄语》中提出：“我们现在要大力挖掘旧的资料中的有价值的东西。”美学是挖掘的学问，因为美埋在旧的资料中；细小的新闻事实一经发生，有价值的东西也不是明摆在那儿，同样得靠细细挖掘才能发现，而挖掘又绝不是口头上说说就能做到的。

首先，挖掘需要角度，好的角度才能使挖掘变为有效劳动。同样的题材，同样的事实，记者可以从不同的角度进行报道，选择不同的角度，其目的是要更好地体现新闻事实更为深刻的含义。如果选择了就事论事的角度，那报道就只是平面化的信息而已，如果选择与社会问题密切相关的角度，那报道出来的事实就赋予了令人深思的内涵，所以说，角度决定着报道挖掘的深度。

角度是由问题决定的，问题是什么，问题就是社会所缺少的，或者是过多的，影响到了人心，影响到了正常发展。缺什么就要补什么，什么多了就要想办法消化克服，这就有了挖掘的好角度。所以，记者必须要有问题意识，心里装的问题多了，可选择的角度就多，否则会没有目标，盲目地采写或制作就是无的放矢，那就更谈不上深刻性了。在选择特写或融媒报道形式时，记者同样需要问题意识，需要选取更能深刻反映事物内涵的精准角度。笔者曾经采写过一篇特写《乐在广场》，其角度就选择了群众最为需要的一面——城市文化娱乐生活：

8月18日，吃过晚饭，山西省阳泉市委常委、宣传部部长林玉平拉上记者去看戏，说这戏不在戏院不收费，但让你终生难忘。

转了几条街巷，来到了城中广场，顿觉眼前豁然开朗。只见绿草坪、鲜花坛相互映衬，五彩灯、雕塑群点缀其间，广场南头搭起了高高的戏台，戏台上空是一个巨大的电子显示屏，上面不断变换着耀眼的字幕和清晰的画面。

锣鼓一响，好戏开场。阳泉市豫剧团推出的《风雨行宫》，把广场各处的群众吸引到了戏台前。剧中情节迅速展开，道具布景光鲜亮丽，演员说唱打斗，字正腔圆。场下观众看得入神，精彩处鼓掌叫好，热闹处笑声阵阵，老年人歪头颔首，小青年跺脚击掌。

来自河南的打工仔李水亮显得特别激动，他说，来阳泉搞建筑一年多了，天天晚上没事干，可难熬啦。现在广场上每周两场文化活动，真带劲儿。今天唱的就是俺家乡戏，好过瘾。旁边一位70多岁的老人耳朵有点背，不时伸着脖子看看戏台上，再看看大大的显示屏，别人笑过了他才嘿嘿几声。记者问老人：广场演戏好不好？老人连声说："好，好，听不到，看着也让人乐啊！"

"学习'七一'重要讲话，我们一直在琢磨，如何把先进的文化送给群众。几番讨论，决定农村搞好'三下乡'，城市办好'群星风采'广场文化，让群众乐在广场，寓教于乐。"林玉平抽空儿小声介绍。文化局局长拿来了广场文化节目安排，从8月初的第一个周末到9月的最后一个周末，每晚都有精彩的文艺活动。

说话间，广场上有点小小躁动，原来市委书记程步云、分管文化的副市长一行也赶来看戏了。程书记小声埋怨林部长："咋不叫一声，好戏怎能一人看呀？"他又说："这事办得好，就是要让先进的文化占领文化阵地。以后有时间，我也要常来看看。"书记的话赢得周围一片叫好声。

（2001 年 8 月 22 日《人民日报》）

农民需要精神文化生活，市民也需要。农村文化生活有"三下乡"，城市文化活动如何开展？在山西阳泉市采访，偶然遇到了"'群星风采'广场文化"，每个周末都有市文化部门组织广场文化，安排各类精彩文艺活动，让市民乐在广场，寓教于乐。笔者为此叫好，立即到现场采访，亲身感受城市文化浸润之场景，抓取了打工仔的欢乐，耳聋老人的痴笑，以及市委书记闻讯而来的感慨。最后通过挖掘，突出了广场文化就是"让先进的文化占领文化阵地"的主题思想，使小特写分外地高大上起来。这是平时对此问题有所思，问题意识决定采访角度，也启发了报道敏感，在基层采访时遇到了，就会闻风而动，抓住不放，努力挖掘，出新出彩。

其次，挖掘还要与用心提炼相结合，提炼就是从芜杂的事物中凝练出有针对性的东西。挖掘出的材料往往要靠提炼凝结出深刻主题，失去了提炼，采访得到的材料往往是散沙一盘。作家吴组缃曾经讲过："我们常说艺术是提炼过的生活。"艺术是提炼生活的结果，新闻同样离不开提炼，短小特写和短新媒体产品尤其需要提炼。

同样的题材到了不同的记者手里，常常会产生出不同深度的报道来，其中重要的原因就体现在挖掘和提炼上，通过挖掘得到了有价值的材料，通过提炼使主题更加凝重深刻。挖掘要细，提炼要精。通常下去采访，老记者总会提醒年轻记者，要注意挖掘，要好好提炼，就是说采访不能浮皮蹭痒，不能水过地皮湿，走马观花不行，要沉下去，捉活鱼；同时还要多思考，围绕逐渐聚焦的主要问题，多问几个为什么，追根溯源，直至寻找到报道的尖锐主题，提振采写制作好新闻的信心和能力。

古文大家无不是挖掘大家，更是提炼大家，在他们笔下，小事情会体现出大意义。王安石所写《通州海门兴利记》，文不过五百字，说的是吴兴的一邑之吏沈兴宗在海门大兴治海之策，在北海筑了七十里的大堤防止水患，然后引江南的水，灌溉义宁等地方的农田。有人说，以“一邑之善不足书之”，认为治理好一个小地方还不够伟大，此事此吏不值得去记载传播。王安石却不这样认为，在他看来，小事中含有大道理，为官不在大小，治民不在多少，只要有为老百姓做事的志向和能力就好，只有做小事实事的官吏多了，天下百姓才能得到更多实惠。这一点是他在诗经中体会到的，有作为的官吏，既要能管理好地方，又要按照民意去做，官民同心，才是有能力有作为的好官。吴兴的沈兴宗虽是海门小吏，如果让他发挥所学，他会有大作为的，他不愧是诗经中豳国官吏那样的好官。所以，经过挖掘提炼，王安石断然决定，不能让如此小吏的事迹失传，必须记载下来，令其德行传颂更远：

余读豳诗：“以其妇子，馌彼南亩，田畯至喜。”嗟乎！豳之人帅其家人勠力以听吏，吏推其意以相民，何其至也？夫喜者非自外至，乃其中心固有以然也。既叹其吏之能民，又思其君之所以待吏，则亦欲善之心出于至诚而已，盖不独法度有以驱之也。以赏罚用天下，而先王之俗废。有士于此，能以豳之吏自为，而不苟于其民，岂非所谓有志者邪?

以余所闻，吴兴沈君兴宗海门之政，可谓有志矣。既堤北海七十里以除水患，遂大浚渠川，酾取江南，以灌义宁等数乡之田。方是时，民之垫于海，呻吟者相属。君至，则宽禁缓求，以集流亡。少焉，诱起之以就功，莫不蹶蹶然奋其惫而来也。由是观之，苟诚爱民而有以利之，虽创残穷敝之余，可勉而用也，况于力足者乎?兴宗好学知方，竟其学，又将有大者焉，此何足以尽吾沈君之才，抑可以观其志矣。而论者或以一邑之善不足书之，今天下之邑多矣，其能有以遗其民而不愧于豳之吏者，果多乎?不多，则予不欲使其无传也。

至和元年六月六日，临川王某记。

作为唐宋古文八大家之一，王安石同样主张文以载道，就是一篇小文，也要针对问题而作，也要于世有补。他看到，当时吴兴海门老百姓苦于海水之患，受苦的人比比皆是。王安石说过，“贫民被灾，不可不恤”。沈兴宗到了以后，修筑海堤，治理水患，放宽政策不苛求百姓，集结流亡逃难的人，给他们利益，让他们为国家做事，老百姓虽“创残穷敝”，但执政者“爱民而有以利之”，所以没有不高高兴兴赶来的。由此看出，如果处处为老百姓着想，通过鼓励，就可以调动起来，做好事情。沈兴宗就是这样做的，他好学又懂道理，发挥所学，定会有更大志向和作为。有人以为治理好一个小地方不值得记载，天下小地方多了，能像诗经中豳国有所作为的官吏，真的有很多吗?

不多啊，所以做好此篇短文很有必要，就是要多传扬像诗经豳国之吏那样让百姓安居乐业的好官。官不在大小，能为百姓谋福利就好，王安石围绕这一点提炼主题，结果成就了千古名文，以传播正能量为能的新闻特写，甚或以短小著称的融媒体作品，理应挖掘好，提炼好，传播好。

最后，挖掘还要与背景材料的细密探寻和精心运用结合起来。哥伦比亚大学教授麦尔文·曼切尔在《新闻报道与写作》中说：“不使用背景，几乎没有什么报道是全面的。忽视这个忠告的记者，他们决不能给读者和听众提供充分的情况。”新闻背景是新闻事实发生发展的历史条件和环境条件。运用好背景材料，有利于交代新闻事实的来龙去脉，加深对新闻的认知和理解，深化新闻的主题，丰富内容、增加知识性和趣味性，从而唤起社会更广泛关注。背景往往最能体现新闻的厚重，即便是小特写、微音视频也是同源。当然，在新闻报道上，有人不主张多用背景材料，认为背景材料多了，会影响新闻的现场感，影响新闻的鲜活性。此话有一定道理，背景材料不可过多，但有时又绝不可少，不但不能少，还要想法细挖掘，多发现，使用好，写到位。实践也证实，背景材料不足或用得不好，都会影响作品的生动性和深刻性。

说到背景材料的使用，古文中就有许多经典范例，有的运用得好，能够令人倍感透彻；有的运用得不够好，会令读者觉得有些缺憾。比如《世说新语·假谲六》和《晋书·帝纪第六》说的是同一件事，即东晋权臣王敦图谋篡位，兵至姑孰（今安徽当涂），晋明帝司马绍“密知之”，于是“劬劳晨夕”，驰马暗察，誓要破贼。史载，晋明帝司马绍，性情孝顺，敬贤爱民，好习武艺，可谓文韬武略，聪明有机断，很得人心；而与堂弟王导一同辅佐晋元帝建立东晋的王敦，担任大将军、江州牧，掌控长江中上游的军队，统辖州郡，自收贡赋，谋害忠良，扶植亲党，“四方贡献多入己府，将相岳牧悉出其门”，其权势日盛，对东晋政权造成极大威胁。两相比较，逆贼必败，是为天理。下边两文记载的就是王敦谋反、明帝智察，志在灭贼的精彩故事，因为出自史实，所载与今天的新闻特写好有一比，只因在运用背景材料，以及细节描述上有所不同，文采则大有差异：

王大将军既为逆，顿军姑孰。晋明帝以英武之才，犹相猜惮，乃著戎服，骑巴賨马，赍一金马鞭，阴察军形势。未至十余里，有一客姥，居店卖食，帝过愒之，谓姥曰：“王敦举兵图逆，猜害忠良，朝廷骇惧，社稷是忧。故劬劳晨夕，用相觇察。恐形迹危露，或致狼狈，追迫之日，姥其匿之。”便与客姥马鞭而去，行敦营匝而出。军士觉，曰：“此非常人也！”敦卧心动，曰：“此必黄须鲜卑奴来！”命骑追之。已觉多许里，追士因问向姥：“不见一黄须人骑马度此邪？”姥曰：“去已久矣，不可复及。”于是骑人息意而反。

（《世说新语·假谲六》）

六月，敦将举兵内向，帝密知之，乃乘巴滇骏马微行，至于湖，阴察敦营垒而出。有军士疑帝非常人。又敦正书寝，梦日环其城，惊起曰：“此必黄须鲜卑奴来也。”帝母荀氏，燕代人，帝状类外氏，须黄，敦故谓帝云。于是使五骑物色追帝。帝亦驰去，马有遗粪，辄以水灌之。见逆旅卖食妪，以七宝鞭与之，曰：“后有骑来，可以此示也。”俄而追者至，问妪。妪曰：“去已远矣。”

因以鞭示之。五骑传玩，稽留遂久，又见马粪冷，以为信远而止不追。帝仅而获免。

（《晋书·帝纪第六》）

如前所说，《世说新语》以讲故事见长，而且文笔简洁明快，语言含蓄隽永，在刻画人物形象和性格特征上有独特之处。但就此一则故事，与《晋书》所载相比，在行文运笔和诵读韵味的感觉上，却大不如后者。原因很简单，后者不光巧妙地运用好了背景材料，而且以描写手法，再现了人物活动场景，读来生动可感，如在目前，而前者与此相比，却大为逊色。一是前者在没有背景材料交代的情况下，就直言“此必黄须鲜卑奴来！”语境显得突兀，不见出处，没有着落；后者先是用了“梦日环其城”加以铺垫，说明王敦白天睡觉，梦见太阳绕其城，只有天子才有此征兆，于是受惊而起，说：“这必定是黄胡须的鲜卑奴来了。”接下来是背景材料，交代“帝母荀氏，燕代人，帝状类外氏，须黄，敦故谓帝云”。明确指出明帝司马绍的相貌与其母荀氏相近，母族是燕代人，即鲜卑人，其相貌“须黄”，具有白种人的特征。如此则语出有因，道出了来龙去脉，前后照应，天衣无缝。二是后者多用表现手法，再现当时情景，而前者则大段议论，陈述为主，显得生硬。三是后者以细节见长，引人入胜，而前者语焉不详，不大可信。试想，王敦派五个骑兵去寻找追赶晋明帝。晋明帝策马而去，马拉粪时，就浇上冷水。遇到旅舍卖饭的老妇，送她七宝鞭，说：“后面有骑兵来，可把此鞭给他们看。”过了片刻，追骑来到旅舍，老妇说：“人已经走远了。”又把七宝鞭拿出来给他们看。五个士兵传递着玩赏，停留了很久。明帝命人给马粪浇上冷水，说明人马走了许久，又遗七宝鞭引诱追兵把玩，争取了宝贵时间，所以晋明帝才能得以脱身。《晋书》对此记载多表现，少陈述，不议论，用细节和背景材料说话，讲述了一件耐人寻味的故事，相比之下，《世说新语》对此记载就差池了许多。可见巧妙运用背景材料，注重写作技巧是多么重要。

四是现场感强。现场感就是身在其中的感觉。音视频对现场感易于体现，特写就不同了，读者要获得如见其人，如闻其声，如处其境，感同身受的效果，全靠从阅读文字中得到。因而，讲求现场描写，有人物，有场景，活灵活现的特写才深受读者喜爱。曾记得，笔者刚进入新闻职场三年（当时在省报任职），与通讯员一起采写了篇特写《“县官”牛年拜“牛倌”》，由于现场观察得仔细，写作上用心再现当时的情景，重采访更重写作，抓住人物对话，注重视觉描绘，现场感特强，整个儿反映了改革开放后，农民勤劳致富的喜人风貌，因而获得了全省好新闻一等奖：

农历正月初一，是牛年的第一天。这天，刚吃过年饭，宿县县委书记就坐上吉普车，沿着白雪覆盖的公路，急匆匆向养牛专业村——祁县区袁大桥村赶去。

走进村里，只见那黄的、黑的、花的一头头肥嘟嘟的牛犊在雪地上蹦来蹦去，惹得母牛“哞哞”直叫。整个村里，大牛呼，小牛应，爆竹声声，笑语欢歌，汇成一支“牛村”交响曲。

“咦，真新鲜！‘县官’给咱‘牛倌’拜年来啦！”

在门口闲呱和玩耍的大人孩子们，忽拉拉围了过来。县委书记边问候大家，边来到养牛专业户袁化祥家。50多岁的袁化祥，从贴着“槽头兴旺”的牛屋里迎了出来，跟书记热情地寒暄着。老袁人老几辈子都做过养牛的梦，到他这一代，才成为现实。责任制后，他由一头母牛养起，自繁自养，现在发展到八头。今年麦前又有三头母牛要下犊。老袁养牛有门道，去年专程跑到陕西，花400多元买来一头秦川种牛。

“你怪舍得下大本啊！”

“好牛种长得猛，赚大钱。嘿嘿，养牛也得讲科学啊！”可不，老袁家今年的春联就够意思：“责任到户蛟龙入海，科学下乡财神临门”。

“你可真是‘财神临门’啦！”县委书记指着老袁家的牛群风趣地说。

“就是，就是，年前俺卖了个‘对把子’（母牛带小牛）就赚了一千三。你看，还有这拴着的，跑着的，加上肚里揣着的，到年底还不赚个万把文嘛！”

“他家有头母牛一次下了两个犊呢！”不知谁叫了一声。

县委书记拍着两头黑缎子似的小牛，连声说：“稀罕，稀罕，这可是发大财的好兆头啊！”

村长、支书凑过来，接着话茬说：“大伙都热上养牛啦！俺村一百六十来户，每户合三头多，去年光卖牛全村收入11万多元，人均115元。俺们琢磨着，一头两头不愁零花钱，五头六头草顶换大瓦，十头牛三层楼就能起来啦。”

县委书记听到这里高兴地说：“好，你们当起牛书记、牛村长啦。希望牛牛做好牛文章，大家牛年发牛财啊！”

“哈哈哈……”书记的话引得大家开怀大笑，笑声震落了树梢上的雪花。

（1985年2月23日《安徽日报》与徐道峰合作）

这是篇短通讯，也是篇小特写，反映的是一时一地的养牛致富的新鲜事。报道生动活泼，现场画面感强，一经见报，就获得普遍好评，在全省好新闻评选中，一举拿下一等奖。有位评委还专门为此写了篇评论，题目就叫作《如画的新闻》，说：“通讯文字并不长，连标点符号才 773 字。但行文好似一部简短的电视小品，有生动的画面，有典型的细节，读来有声有色，使读者犹如亲临其境，和农民共享着春节的欢乐。”他说的简短的电视小品，在互联网时代，应是融媒短视频，直接以现场活动反映新闻事实，给人身处其间的亲切感受。文字为主的特写，也要追求视觉感，要通过表现手法，将新闻事实再现出来，活泼泼地推送在读者面前。细读上述报道，可以说达到了视频展示场景的效果，如评论所说，不光风趣的绕口令式的标题吸引人，其内容也堪称上乘之作。评论还进一步强调说：“新闻报道中的生动画面能给人以形象化、立体化的感觉。在报刊、广播、电视等各种新闻传播工具迅速发展和相互竞争的今天，报纸应当多发表这种视感强的新闻报道。”评论所说的“今天”是 20 世纪 80 年代初的“昨天”，那时突然兴起的电视热冲击着传统媒体，故评论希望报纸多发视觉感强的新闻，增强纸媒竞争力，以获得更好的发展空间。到了互联网一统天下，网络媒体应运而生的当今，视觉、听觉感特强的短视频、微视频不断翻新，更给文字为主的新闻特写如何强化现场感提出严峻挑战。

其实，无论是传统媒体，还是当今蓬勃兴起的各种新媒体，都必须多为受众着想，跟着受众感觉走。在视音频和微信、微博、播客、客户端等社交媒体日益发达时，受众特别需要充满现场感的新闻。以获取真实为生命的记者，必须深入新闻事实发生地，在新闻采写和制作中切实表现好现场气氛，烘托主题，感染和吸引受众。

为什么新闻界二十年前就把增强现场感作为新闻改革创新的突破口，组织开展声势浩大的现场短新闻评选竞赛，就是要鼓励新闻工作者，适应新时代需求，多采写制作现场感强的新闻作品。当然，现场短新闻评选突出强调“现场”二字，其用意是说新闻发生时，记者一定要在现场，只有真正从现场采写发回的新闻，才是“现场短新闻”，反之就没有资格参选。有人对此曾提出质疑，认为中国这么大，新闻随时发生，怎么可能做到记者事事都到现场？为此中宣部一位领导同志还有针对性地发表意见说：下多少雨没有计划，但什么时候开闸泄洪、炸坝分洪是有计划的，完全可以事先赶到现场；有些事是必然要发生，可以根据已有的经验判断赶赴现场。反正一句话，冠名“现场新闻”，就是要求记者必须在现场，写作的新闻要体现与事实发展同步。《现场短新闻写作概要》为此解释说：“‘现场’二字有一个很重要的含义，就是针对作者和新闻事实发生的现场的关系来说的，即作者必须置身于新闻事实发生的现场，是新闻事实发生的目击者、见证者，甚至是参与者。这一点是不能含糊的。”如此严厉要求，对改进新闻作风和文风无疑是有好处的，但对以突出现场感为特征的特写来说，又未免过于苛刻。事实上，强调现场感的特写，既包括记者在现场发出的新闻报道，也应该包括记者不在现场的新闻，无非是要求必须体现现场感。当然，如果是音视频新闻，也许没必要如此强调了。

先说“在现场”。现场短新闻，包括视频等视觉性强的新闻，确实需要记者在现场，不在现场，而挂上“现场”二字那是自欺，也是欺人。问题是记者在现场，如何才能抓到现场新闻？开闸泄洪、炸坝分洪确实是有计划的，事先也会通知记者；有些会议或重要活动，同样会请记者到场。但有的记者在现场抓到了新闻，有的记者则一无所获，有的记者依旧是懒散地编发通稿。可以说，要求“在现场”并不难，既然吃了新闻饭，肯定不怕到现场，问题是怎样才能抓到新闻，抓到有分量的新闻，应该引起高度重视。这里有必要提醒，在现场的首要一条，要抓到好新闻必须要有抢抓新闻的意识。要知道，许多时候能到现场的唯有记者，想知道现场发生了什么新闻的受众们只能翘首以待，记者肩负着他们的重托，必须知道读者或听众对什么感兴趣，有责任尽快而又尽善尽美地传递出高质量的新闻。记者有了肩负重任的意识，就会有了狼一样的警觉，狼决不会放过任何突然闪现的猎物。当然也不是什么场合下都有新闻，而新闻却往往又存在于记者的不经意间。所以，记者一定要时时在状态，有抢抓、会抓、能抓、非抓不可的新闻意识和能力。

其次，在现场必须要多观察。现场不是新闻，活动也不是新闻，真正的新闻要靠细心观察，通过观察寻觅，才会发现新闻的端倪。美国学者麦尔文·曼切尔在《新闻报道与写作》中说：“必须培养健全的观察力”“记者要能够从那些不相干的事情中分出有用的东西”。一场会议，一次会见，甚或一项活动，都会有很多内容，而受众感兴趣的新闻往往深藏其中，记者在现场最重要的是要放开眼界，观察分析，一旦有价值的新闻出现，就要迅速抓住，然后再围绕这一主题，努力寻找那些相关的情节、细节和生动场景，以及人物活动，最终描绘出完美的现场新闻。因此，记者在现场，就是要多观察，多思考，大脑随时像高速运转的雷达，不仅要善于捕捉主题，更要提高对那些独特的、少有的，甚或反常的事物的敏感，一旦发现有价值的新闻线索，就迅疾地收集支持、支撑、说明主题的事实，突出有用的东西，排除不相干东西，努力使新闻事实丰满完善起来，给受众推送真正有品质的新闻。

在现场还要“再现”现场。新闻是事实的记录，但必须是再现式的报道，而不是反映式的报道。新闻讲究传播效果，要尽可能地少用那种抽象、概括、笼统的方式说话，注重现场感的特写必须追求“再现”效果。好的“再现”就是要少叙述，多描写，要表现，不要陈述，要用那种可触、可感、可视、可信的场景，打破静态传播，丰富动态画面，真正把受众带进“现场”，和“现场”同频共振。《晋书·帝纪第六》记载晋明帝“阴察”叛军用的是再现式描写，所以就比《世说新语》陈述式生动得多；拙作《“县官”牛年拜“牛倌”》也是以再现式的“微镜头”，因而被称作好似一部简短的电视小品。所以，再现新闻事实的特写，就是要追求再现式写作，以实景、实声、实情表现生动的、有意义的现场画面，让读者感受着记者的感受。

再说说不在现场的“再现”现场。视频新闻当然不存在这一条，不在现场只好打住；唯有特写才有不在现场而又要“再现”现场的要求。再现现场就是还原现场，有现场感才能使人沉浸其中。古人动笔最讲生动性和画面感，尽管许多时候并未在“现场”，未见其人其事，然而都会用心描述，尽情渲染。无论是传记，还是纪事，往往会尽力于情景交融，活灵活现。就说《世说新语》吧，每则笔记都是可圈可点，足以入画。所描写的“竹林七贤”，其富有个性的人物形象描写，就为后世画家留下诸多传神摹本。请看，嵇康风雅卓越“身长七尺八寸，风姿特秀……肃肃如松下风”；山涛气度沉稳“与嵇、阮一面，契若金兰”；阮籍不拘礼法“啸闻数百步……登岭就之，箕踞相对”；王戎吝啬庸俗“贵且富……烛下散筹算计”；刘伶醉酒佯狂“脱衣裸形在屋中……”；向秀清高好老庄“为佐鼓排……旁若无人”；阮咸与叔叔阮籍一样放达，竟“以竿挂大布犊鼻裈（粗布裤）于中庭”。如此等等，每个字句都尽显其形，品语入画，俨然会神态毕现。还有纪事也是如此，就说诸阮皆能饮酒的几个“小特写”，其再现出的画面感就特具冲击力：

其一

阮公（籍）邻家妇有美色，当垆酤酒。阮与王安丰（戎）常从妇饮酒，阮醉，便眠其妇侧。夫始殊疑之，伺察，终无他意。

（《世说新语·任诞八》）

其二

诸阮皆能饮酒，仲容（阮咸）至宗人间共集，不复用常杯斟酌，以大瓮盛酒，围坐，相向大酌。时有群猪来饮，直接去上，便共饮之。

（《世说新语·任诞一二》）

其三

阮宣子（脩，阮籍从子）常步行，以百钱挂杖头，至酒店，便独酣畅，虽当世贵盛，不肯诣也。

（《世说新语·任诞一八》）

魏晋多名士，诸阮数前列。诸阮，指阮籍、阮咸、阮脩及其宗人。阮籍、阮咸皆竹林七贤名士，嗜酒善文。阮籍当垆饮酒，醉酒侧卧卖酒美妇人旁边而无淫心；阮咸与宗人用大瓮而酌，群猪也凑上来喝酒，便共饮之；阮籍的堂侄阮脩挂百钱沿街酤酒独酣畅，不肯与权贵相交游。上述三例，就是三个极有画面感的场景，将诸阮嗜酒佯狂，而又清高雅洁，表现得活灵活现。著述这些故事的刘义庆已是南北朝时期文学家，他不在现场而能“再现”当时生动场景，唯一能说明的就是文字功底使然。这些恰恰是新闻记者所要学习借鉴的。

在现实生活中，记者往往也会遇到不在现场而靠追忆记录的时候，因为新闻一旦发生，一时不能赶到现场，或者就不可能在现场，那么怎样才能还原现场，写出栩栩如生的新闻呢？比如前面提到的《杨伟光“千里走单骑”》《朱家兄弟和2万斤西芹》，还有《最长的单人行李托运单》，一件发生在香港，一件发生在广西柳州，一件发生在意大利米兰，不用说，记者都不在现场，但三篇特写都以较强的现场感赢得了好评。追溯以往，那些战争时期的诸多短小特写，也无不给人身在其中的感觉，其实那些作品，有的是记者现场抓取的，有的则是听到的，《西瓜兄弟》中就有“听到群众间流传着西瓜的故事”，然而并没有影响描写出活泼生动的现场新闻特写。

不在现场又要“再现”现场的秘诀何在？一靠记者笔下功夫，二靠补充采访功力。记者必须尽可能多地向当事者“淘宝”，通过各种渠道完善新闻事实的情节和细节，多问几个“为什么”“怎么样”“后来呢”“还有么”“当时的情景”等，然后合情合理地安排篇章结构，通过表现式描绘手法，准确、清楚、流畅地再现过往经历，而不是用叙述方式记录已经发生过的事实。不过，必须切记，“再现”逼真的现场靠艺术表现手法，但切记绝不能虚构，不能失实。特写可以像小说、报告文学、散文那样优美，但绝不能无中生有，包括情节、细节和场景都必须是真实再现。

五是形式美。古人行文格外看重形式，如同彼此交往特别讲究礼法，因为形式中蕴藏着厚重的义理。刘勰《文心雕龙》“附会”篇，专门论述文章的表现形式。所谓“附会”，分而言之，“附”即表现形式，“会”即内容理义，合起来就是“附辞会义”，提倡辞藻与立意的统一，追求形式与内容的整体美。刘勰还以人之形体相比喻，即“情志为神明，事义为骨髓，辞采为肌肤，宫商为声气”。换言之，思想情感好比灵魂，素材结构好比骨髓，辞藻文采好比肌肤，音节律色好比声响，唯有做到从头至尾，从外到内，“首尾周密，表里一体”，整体和谐，方为“命篇之经略”。

古文短篇讲究形式美，特写短小也应讲究形式美。虽然有人说，新闻以报道事实为主，不必过于追求表现形式，但中外新闻理论还是在不断深入研究新闻表现艺术，把形式美作为好新闻绝不可或缺的重要因素。现场短新闻评选就提出“重大主题思想”“突出现场感，形式新颖”“短而精”几个方面必备条件，其实就是《文心雕龙·附会》的“附辞会义”，也是“有思想、有温度、有品质”的辩证统一，更是当今新闻特写和融媒体新闻所要追求的形式美。

形式美第一位的是主题美。重大的主题思想，令人警醒的典型事实，生动可亲的人物形象，透示着心灵的美感，社会的正气，人与自然的和谐相处，给人以积极向上的引力，这样的新闻，这样的特写，这样的融媒产品，就充满着令人赞叹的美感。主题美与角度和挖掘有着密切联系，好的角度易于体现主题，深入挖掘能够提升主题，所以特写要巧选角度，细心挖掘，以小见大，见微知著。上述诸篇抗疫特写，以及许许多多有关抗疫短音视频备受关注，就因为突显出了众志成城大主题;《西瓜兄弟》之所以愈久弥香，就因为它体现了人民军队秋毫无犯、深受人民爱戴的主题，同时又有着短小精美、情节生动的表现形式;《擦鞋者说》获得中国新闻奖，同样因为它张扬了全民创新的大主题，更有着走进人心的朴素情感，达到了内容和形式的完美统一。同样地,《捕蛇者说》能够流传千年不衰，也因为它深刻揭示了“苛政猛于虎”的社会现实，谴责了吏治的残暴无情，加之文笔犀利，情文并茂，所以才有了巨大感染力和蓬勃生命力。因此，特写以及短音视频等，要同其他新闻体裁一样，把“有思想、有温度、有品质”作为最高追求。

形式美还在于素材美。《文心雕龙》曰“事义为骨髓”。素材是构成文章的骨髓，素材过硬才能支撑起文章立意，透视出文章内在气质。特写重主题，重文笔，也重选材，要把一个个新闻事实放在时代大背景下去考量，去报道，才能产生深远的影响。融媒作品也要在这方面多下功夫。这样的要求在非常时期，在重大的活动中，也许不算太难，难的是平常时期，平平淡淡的生活里，如何采撷到合适的素材，以体现重大主题，折射时代风貌，特别考验记者的发现眼光和分析能力。如《擦鞋者说》，那就是平常生活中选择出的好素材；像《捕蛇者说》，也是那个时期最能揭露社会现实的最佳素材。擦鞋者擦出了名堂，岂不说明全民创新前景广阔？宁愿与毒蛇相伴也不愿受苛政之害，当然说明残暴统治极为不得人心。由此不难看出，在寻常的生活中寻求看似平平常常的素材，却反映出非比寻常的主题，这就体现了“事义为骨髓”的重要性。在过去的岁月里，笔者曾经采写过不少颇为得意的小特写，大都是在不太起眼的事实中，体现出了还算令人眼睛为之一亮的主题。最大的体会是，素材虽小，有意义就好，从小事中攫取非凡的意义才是最为要紧的本领。比如《“关键要让群众满意”》:

6月28日下午，烈日炎炎，山西省祁县县委、县政府大门旁边的树荫下聚集了一大群人。县政法机关“一委五长”“涉法上访接待日”正式启动，引来许多关注的目光。

“这件事情你们过不过问？”城赵镇修善村村民王东英挤上前来叫道。原来他前年骑摩托车与人相撞，经祁县法院、晋中市中级法院二审判决赔偿后不服，多次上访无果。县公安局交警大队长听完他的申诉后当即将事故科的负责人叫来，让其限期报告结果。

“咱这还有一件冤枉事，”农民范庆龙申诉说，“两年前咱跟人发生纠纷，说是处理后退回押金，后来公安局内保股硬是扣住咱的200元钱不还。”县公安局长立即与内保股联系，问清了事由，当场按规定为其退款。范庆龙激动得脸通红：“不在乎钱多少，要的是个理啊。你们这样做咱老百姓满意。”

“说得好，我们做的一切事情都是为了让老百姓满意。”满脸大汗的县政法委书记郭学礼接口说。他告诉记者，涉法上访是件不容忽视的大事情，一些上访者不懂法律程序，一些执法部门服务不到位，处理不公，甚至执法犯法，造成群众不满，损害了执法部门形象。为此，县政法委机关决定从6月起，将每月第四周的星期二作为“涉法上访接待日”，由县政法委、法院院长、检察院检察长、公安局长、司法局长和交警大队大队长联合接待上访群众，并公布于全县。

专门赶来的县委副书记王学峰说：“联合接待涉法上访，是检查司法公正、听取群众意见的一种有效探索，也是身体力行‘三个代表’的具体体现。”据了解，到下午5时30分，“一委五长”

共接待8名上访群众，有2件现场解决，6件责成有关部门限期解决，在下个月“一委五长接待日”上给群众一个满意答复。

（2002年7月4日《人民日报》 与王丽峰合作）

此特写体现的就是“事义为骨髓”，山西祁县政法机关推出“一委五长”涉法上访接待日，面对面解决不懂法，或执法不公、群众不满意等矛盾纠纷。看似事情不大，但从公平公正为民办实事、进一步推进法制社会建设来看，其活动素材所体现的意义则非同一般，用政法委书记的话说，就是“涉法上访是件不容忽视的大事情”，县政法机关启动“一委五长”“联合接待上访日”，体现得就是“我们做的一切事情都是为了让老百姓满意”。公正执法，伸张正义，公平合理，让群众满意，如此主题突出的特写短篇，怎能不为读者所欢迎呢？如果转化为新媒体产品，相信定会获得耳目一新、令人折服的效果。

形式美更在于语言美。语言是特写的外衣，也是新媒体产品的华裳。新闻语言的特点是准确、清楚、可信和流畅，篇幅和时长短小的特写及融媒体产品，更需要干净利索、饶有趣味的语言。准确是新闻特性所决定的，没有准确的语言，记者就无法保证新闻报道的准确；特写和融媒新品更要追求语言精准，多一字少一字，都会影响稿件和制品质量。所以，看一个词是否用得得当，每句话是否表达到位，都要反复斟酌比对，直到恰切入髓。

最美的语言是朴实、流畅、易懂，读者不喜爱含糊不清、吞吞吐吐、疙疙瘩瘩的语言。特写和融媒产品如果还咬文嚼字、卖弄辞藻，使用冗长的字句，那肯定格外令人生厌。麦尔文·曼切尔引用《亚特兰大宪章报》记者的话说：“如果你要做一名新闻记者的话，你就要写得通俗点，以使一般人能懂。”特写和融媒作品尤其需要用词清澈明快，毫不矫揉造作，务必让读者受众赏阅起来如明镜般轻松愉悦。准确可信也是新闻报道不言而喻的首选，不光是事实可信，也要语言可信，千万不要使用广告词那样过分夸张、虚无缥缈的语言。语言朴实、有人情味、引语例证得当，事件来龙去脉明确，特写及融媒产品虽小却能够“窥一斑而知全豹”，受众自然会欣然服膺；流畅就是看着顺眼，读着顺口，流畅的语言与干净利索是分不开的，与准确、清楚、可信也一脉相承。事实上，少雕琢，有条理，以毫不做作的语言讲述一件很小、很简单的事情，故事一讲完，立马就结束，最为难能可贵。群众语言最可爱，特写和融媒品要达到语言美，就要坚定地扎根于普通群众语言，群众语言的特质就是通俗易懂、清晰流畅、令人可信，而又饱含趣味。

形式美还在于节奏美。美国密苏里新闻学院《新闻写作教程》论述到节奏时说：“有一项很重要但很少被人注意到的写作技巧，这就是文章的节奏。”特写务要讲究节奏，融媒体短小作品也是如此，一是字词句的节奏，二是叙述上的节奏。阅赏特写和融媒新品如同欣赏音乐，韵律和谐才能得到美的享受。事实上，无论是字词句，还是叙述方法，都饱含着节奏的玄机。刘大櫆在《论文偶记》中说：“文章要有节奏。”在他看来，虽然著文以神为主，但却要以格律音节体现，“音节高则神气必高，音节下则神气必下”。他的高足姚鼐也提出为文八要：“神理、气味、格律、声色”。以此观之，短小精湛的特写，包括短融媒作品，也要追求字词句上的节律，与语言美结合起来，才更能达到声色和谐的妙境。体现节奏美，还要多用短句和分段。句子短，节奏感就强；分段也是好东西，分段中可以平静地转换节奏。对于特写文字来说，有无节奏感，不妨大声地读出来，读着写，读着改，大声地诵读是检验节奏感的良方。古人为文最讲节奏感，为了节奏之美，往往反复吟诵，一再修改，直至完美而已。历史上为文章者，精益求精的故事很多，欧阳修为韩琦作《相州昼锦堂记》，在遣词造句上就留下一段佳话。据载，文章写作完成后，欧阳修派人送给韩琦，而后又急马送上另一稿，声明之前的稿子还有纰漏，需要修改。韩琦反复核对后发现，新的稿子只是在文章开头“仕宦至将相，富贵归故乡”两句中，分别各加了“而”字，变成了“仕宦而至将相，富贵而归故乡”，一字之加，大大增强了文章的韵律美，突出了节奏感，诵读起来更有抑扬顿挫、神气活现的感觉。其实，为了文章的节奏美，欧阳修在写作《醉翁亭记》时，也留下过追求完美、精益求精的典故。据说，文章写成他令人张贴在城门上，广泛征求意见，有樵夫读之，笑话开头之语太过啰唆，说环滁南边什么山，北边什么山，东边什么山，西边什么山，其实一句“环滁皆山也”足够了。这一改，不仅语言干净利索，而且开门见山，节奏明快，神气活现。如此一来，正像刘大櫆《论文偶记》所云：“积字成句，积句成章，积章成篇，合而读之，音节见矣，歌而咏之，神气出矣。”

形式美还在于标题美。标题是文章的眼睛，对任何体裁的新闻都是如此，而特写及其融媒短作品的标题又有其特殊性。如果把现场短新闻比喻为黄金的话，那么特写和融媒短作品的标题应该是“金包钻”。新闻源于生活，标题源于新闻，而一个精彩明亮的标题，往往又会使新闻事实本身的引力陡增。“题好一半文”，对于特写和融媒短作品来说，尤其如此。特写要准确、简明、新颖地反映新闻，其标题更要具有准确之美，鲜明之美，简洁之美，形式之美，以及韵律之美，而融媒体短小产品则更有其标准化特殊要求。特写标题可以多种多样，就内容来说，可以是新闻中的引语，也可以是提炼概括出来的金句；就形式而言，可以是引题、正题、副题多层结构，也能是可长可短、可虚可实、运用多种修辞方法美化。融媒短小产品则要按照网络媒体标题要求，单行标题，字数限制，整齐划一，力求准确概括，浓缩精华，生动传神、抓人眼球。譬如以引语为题见报的“微镜头”《“欢迎你到中国去”》，在人民日报客户端上则以《习近平：我将无我，不负人民》为题推出，既有融媒特点，又彰显动感，更具冲击力。因而，有理由相信，随着互联网与传统媒体深度嫁接融合，特写及其他融媒体裁的形式美，一定会呈现出更为广阔的前景。

特写短篇的古今表现手法和创新

伴随着新闻事业的发展，特写一路走来，不但时时表现着顽强和执着，而且还在不断丰富和创新，可以说，各个历史时期都展现着特写短篇各自不同的特有风貌，互联网时期，特写与短音视频嫁接，在融合优势上更显英姿。

特写突出特点是小，但小不是目的，小而精，小而美，小而可人，小而有用，小而富有深刻思想性，同时又不断紧跟时代步伐，不断以崭新的面目呈现在受众面前，才能体现其蓬勃向上的内在魅力。这就提出了特写如何在叙事中体现主题思想，以及如何适应时代需求不断创新发展两大问题。前一个问题重点在于议论与叙事的关系处置上，后一个问题重点在于创新与传承上。

特写短篇的古今议论与叙事

新闻是事实的报道，应该力求客观再现和叙述事实，也就是说要少议论，不说教，用事实本身的内在思想性去打动人，感染人，教育人。这一点，对于任何体裁的新闻报道都是不容忽视的标配答案，特写和融媒体亦理应如此。

问题是，重大报道题材，重大新闻事件，可以拉开架势，摆出众多事实，用深厚而充分的材料，构建出鸿篇巨制，让受众从中去体悟思想，探究其中要义，而特写和短小的融媒产品就不同了，它的“一时一地一事”的特性，限定了特写和短融作品的外延，也带来作品本身怎样体现思想性的考验。因此，在“一时一地一事”的基础上，还应该加上“一义”，或称“一议”，“一义”指事实的深刻内涵，往往要靠“一议”来帮忙，那么二者可以互为一体，“一义”即为“一议”，主要借“议”突显特写和短融作品的主题思想，也就是其深刻而重要的含义。

在特写和短融作品采写制作中，常常会遇到这样的问题：有的事实重大，不用议论，无须点睛，只要描述和表现出来，即能彰显其重大的思想性；有的事实在具体描写和表现中，其思想性并不那么明显，常常隐藏在表象里面，不对其做必要的议论，就会使受众感到困惑；有的新闻题材虽然重大，关键处如果来点儿议论，点上几笔，唠叨两句，就会更有助于思想情感的升华。

由此说来，在新闻特写和短微融媒产品采写制作中，有时还特别需要巧妙地使用“点睛之笔”，从而把事实所具有的主题思想、理论要素点拨出来，给人以意蕴浓郁、分外震撼的感觉。比如首届现场短新闻评选获得一等奖的《难忘的时刻》（见 1989 年 11 月 14 日《人民日报》），是邓小平任上最后一次会见外宾的侧记，借此机会，向全国、全世界宣布：正式告别政治生涯。侧记写得非常深沉而富有感情，短短的篇幅中，记者几处满怀激情地站出来议论：“这是一个历史性的时刻”；“记者注意到，当小平同志说这句话时，深邃的目光中透露出的神情是坚定的，是自信的”；“小平同志告别了他光辉的政治生涯，但人们永远不会忘记他……”这些议论，与通篇文字相融，一点不显得生硬和多余，而且会感到议论得甚为贴切，缺少不得，缺少了不但会觉得主题不足，而且阅读上也感觉不那么提神过瘾。

2019 年，获得第二十九届中国新闻奖一等奖的短视频作品——《臊子书记》，也是将叙事与议论巧妙交融的成功范例。天津大学 80 后青年教师宋鹏，为了帮助甘肃陇南宕昌县沙湾镇大寨村早日脱贫，以沙湾臊子（面条上浇的卤儿）为突破口，利用互联网 + 扶贫，带领百姓拼搏三年，实行臊子产业化，荒山遍植梅花椒，走出了一条“带不走的幸福路”。关注其 3 年的天津津云新媒体视频团队，在宋鹏扶贫即将结束前，深入现场采访，精心撰写脚本，跟踪拍摄，倾心记录，并引入 MG 动画和 3D 建模包装，在短短 6 分多钟的制品里，讲述了一个扶贫干部多年倾心致富百姓的动人事迹。作品的成功，有团队用心、用情、力研、精制的努力，更有还原式叙事与恰当议论的巧妙结合。比如“想扶贫，首先要成为一家人”“豁出一条命，也要挖断穷根”“扶志还要扶智，让荒山成为‘村民银行’”等，精彩的画面叙事，加上这些个性化的有力议论，以小切口聚焦大主题，充分展现了主流媒体的创新精神和价值担当。

由此而知，在特写和融媒体的短小作品中，必要的议论，有利于突出主题思想的闪现，不仅需要，而且还要用心去点化，因为没有议论往往就不能很好地体现思想，没有思想，新闻就不能很好显示其应有品质，以致会感觉轻飘飘的。

其实，好的议论之于特写以及融媒微品就是“画龙点睛”。彭朝丞《现场短新闻写作概要》指出：“俗话说，画龙不点睛，龙不活，难腾飞。写作现场短新闻也一样，不仅要用事实的新鲜生动，以新人耳目，而且还要巧妙地把事实所具有的思想、理论要素发掘出来，以沁人心肺。这也就是说，如果没有点睛之笔，也就缺少了神韵，就会减弱新闻的感染力和吸引力。”外延大于现场短新闻的特写，还有相类似的融媒微制品，一样有着共同的神韵特质，一样需要展现感染力和吸引力，那么也就一样离不开精彩的“点睛”之笔。

当然并不是所有的特写和融媒产品都要“点睛”，一些事实看上去主题不言自明，一些事实只需要描写叙述清楚，一些事实本来就统一在鲜明的大主题下，比如在疫情防控中，一篇篇特写和融媒体微短制品，就刊播在“众志成城控疫情”“抗击疫情群英谱”“来自抗疫一线的报道”等栏目中，围绕的都是防疫的大主题，只要用心用情讲好小故事，生动地再现新闻事实就行了，如果还去议论“点睛”，有时未免多余，反而令人生厌。

总体说来，特写和短微融媒产品等并不排斥议论，简洁利索、精准提神、恰到好处，与事实融为一体的议论必不可少。同时强调，即便需要“点睛”，也应因人因事而异，讲究些“点睛”艺术，研究些切实好用的方法。结合实例，试析以下几种议叙途径仅供赏鉴：

一先议后叙式。开头先把总纲性的东西亮出来，用主题统帅引领后边想要说的主体部分。这种方式很像消息的导语，即把最重要的东西放在前边。如美国哥伦比亚大学教授麦尔文·曼切尔在《新闻报道与写作》所说："每篇新闻报道都有一个开头，这个开头要引出主题和阐述、解释这个主题的主体来。在新闻写作中，所谓报道的主题——就是把最重要的事实写在导语中。"

这就像说大鼓书，也像讲故事，一起头就是结果，然后再慢慢道来。或者说，这是一种悬念法，起笔就给事实的内核下个结论，接下来才是种种事由的叙述。这种写作方法的好处是，一下抖出主题，将受众吸引过来；还有一种情况是，故事内容相对繁杂一些，唯有"拎起来"说，才好说得简短而精彩。

此种方法也像撒网捕鱼，拎起网纲，震纲抖索，倏然出手就是一片金光。笔者在以往的特写采写中，常常使用此法，也常常是屡试不爽。比如笔者就曾采写过这样一篇小特写，题目叫《"星级厕所"看文明》，就是先有了主题议论，然后才是具体的事实展开：

安徽蚌埠卷烟厂一跃而为利税大户，诀窍何在？记者近日见到厂长，他诙谐而神秘地说："厕所可见一斑。"

春节前，记者悄然来到这个厂的生产区，迎面是战士渡江雕塑，该厂的前身是东海烟厂，厂址当年是新四军后勤处。再往里走，一座别致的建筑掩映于花木丛中，沿大理石台阶上到二楼，推开磨砂玻璃大门，只见顶灯明亮耀眼，四壁紫红墙砖闪光。壁立便池、箱包蹲便、陶瓷面盆、电子烘手机……各类厕具一应俱全。管理员正喷洒空气清洁剂，芬芳的茉莉花香扑鼻而来。

拉住便后烘手的青年工人周青，小伙子挺自豪："柔软的高级卫生纸，清清的洗手液，烘手机一开，两手又干净又暖和，回去干活，心情舒畅着哪！"

三车间的陈玉明、五车间的傅守银过来搭话："手净，产品才能更优！"

"改厕花了不少钱，值不值？"

"一流的企业，就得有一流的环境，把钱花在文明建设上，值！"工人七嘴八舌。

竞争上岗、获得厕内管理工作的老傅师傅说：以前，厕所破，灯不亮，气不通，工人扯着包装纸进来，浪费不说，纸多了就堵，哪像现在，待上半天也不烦。

厂文明办主任介绍说："给一线工人上星级厕所，这是去年厂里承诺的6件实事之一。办企业，'东海'的艰苦传统不能丢；论竞争，又必须追求现代化！去年全厂扒掉6个旧厕所，重建1个，改造4个，个个都比机关厕所强，工人很受鼓舞！"

厂长一语中的："厕所的文明促进生产文明，车间13项基础管理竞赛如火如荼，企业效益怎能不节节上升呢？"

（1997年2月13日《人民日报·华东版》）

卷烟厂一跃而为利税大户，原因何在？厂长一语道破天机——厕所可见一斑。这既是议论引起悬念，又是主题先行，引导着采访者去厕所寻找答案，寻着主题去观察验证。笔者在现场的所有观察都围绕着主题服务，即为什么厕所文明能够换来经济效益，成为利税大户？报道交代了烟厂有着光荣传统的背景，这看来是闲笔，其实亦有深意，为的是衬托有着艰苦奋斗光荣传统的卷烟厂，对厕所文明如此“奢侈”投入，是不是铺张浪费，到底值不值得？接下来所叙述描写的厕所内外的“豪华”景色，以及与工人的有趣对话，都毫无悬念地证明：“一流的企业，就得有一流的环境，把钱花在文明建设上，值！”这种先议后叙的观察描写更集中，更有效，更能突出主题，也会产生出果真如此的愉悦。记者与如厕工人交谈，记述下他们舒心的话语，还有竞争上岗管理员所说的前后对比，以及厂文明办主任的介绍，最后又以厂长的话收尾：“厕所的文明促进生产文明，车间13项基础管理竞赛如火如荼，企业效益怎能不节节上升呢？”这是引语也是结论，更是呼应开篇，故事一叙完，文章就结束，干净利索，一气呵成。此稿见报当天还被《新民晚报》选载，而且加了个副标题——“蚌埠卷烟厂一项实事出效益”，更为鲜明地突出了特写的主题思想，体现了先议后叙的特色。

在疫情防控中，许多融媒体产品也是先议后叙式，起到了极好的宣传引导作用。比如人民日报客户端推出的《防护服上的字，句句戳心》，不光内容清新，制作精细，融出了美感和新意，而且开头几句既是交代也有议论，更是对标题的贴切呼应：“厚重的防护服下，由于很难辨认彼此面貌，他们写上名字和期许，方便辨识，也相互鼓励。”接着是一幅幅防护服上写着各种话语的图片，以及与人物角色相当的简洁配文，还有微信、微博等相关截图，有时间，有地点，有人物，有故事，有新闻五个W要素，更有新闻特写结构奇、角度巧、挖掘细、现场感强、形式美等特性，通过生动精致的制作，似乎能够听到厚厚防护服里的心跳。

古人为文也多用此法，先道其理，后叙其事，自有先声夺人之势。古代文学评论家刘勰《文心雕龙》曰：“会词切理，如引辔以挥鞭。”就是说，如能以切理之法著文，就像驱车抓住了马的缰绳，尽可以扬鞭疾驶而去。那么，先议后叙也就恰似“切理”再“挥鞭”，举纲发令，骏马腾飞，荡然开去，妙然成篇。

论及先议后叙样式，韩愈《张中丞传后叙》（全文见拙著《怎样写活人物》）更是经典。文章由翻阅李翰所为《张巡传》引起，感觉书中不为许远立传，又不详载其他英雄事迹之首尾，“尚恨有阙者”，因而特撰此文。几句事由简述之后，就是议论，先议许远具有忠于国家大局的高贵品质，愤然批驳了许远畏死论，斥责小人“不乐成人之美”的种种诟谇谣诼，进而正面论说许远与张巡死守睢阳城之功德，谓之“守一城，捍天下，以千百就尽之卒，战百万日滋之师，蔽遮江淮，沮遏其势，天下之不亡，其谁之功也！”随之文笔一转，用叙事方法，倾情描写张巡部将南霁云慨然乞师和英勇就义，再写张巡读书生活和英勇就义的精彩细节，以及许远忠厚长者性格和外貌等，可以说议论荡气回肠，叙事笔墨酣畅，人物气节神采尽在先议后叙之中。这是一篇群体人物写作的典范，通篇融议论、叙事、抒情、描写于一炉，体现了韩愈为文多变之特色。故桐城派刘大櫆在《论文偶记》中盛赞曰：“一篇之中段段变，一段之中句句变，神变、气变、境变、音节变、字句变，惟昌黎能之。”昌黎者，韩愈是也，果不愧古文领袖。清沈德潜亦称其“文至此可云不朽”，实不为过。

古文讲求文以载道，为文往往就是先亮明观点，以理引文，文以释理，先议后叙。不仅唐宋八大家及桐城古文派如此，就是《世说新语》和《晏子春秋》中众多短篇亦为先议后叙式名篇，读之义理分明，叙述精妙，确有“理得而事明”之妙。别的不说，且看以下两个经典例证：

石崇与王恺争豪，并穷绮丽，以饰舆服。武帝，恺之甥也，每助恺。尝以一珊瑚树高二尺许赐恺，枝柯扶疏，世罕其比。恺以示崇。崇视讫，以铁如意击之，应手而碎。恺既惋惜，又以为疾（嫉）己之宝，声色甚厉。崇曰："不足恨，今还卿。"乃命左右悉取珊瑚树，有三尺、四尺，条干绝世，光彩溢目者六七枚，如恺许比甚众。恺惘然自失。

（《世说新语·汰侈八》）

晏子将使楚，楚王闻之，谓左右曰："晏婴，齐之习辞者也。今方来，吾欲辱之，何以也？"左右对曰："为其来也，臣请缚一人过王而行。王曰：'何为者也？'对曰：'齐人也。'王曰：'何坐？'曰：'坐盗。'"

晏子至，楚王赐晏子酒，酒酣，吏二缚一人诣王。王曰："缚者曷为者也？"对曰："齐人也，坐盗。"王视晏子曰："齐人固善盗乎？"晏子避席对曰："婴闻之，橘生淮南则为橘，生于淮北则为枳，叶徒相似，其实味不同。所以然者何？水土异也。今民生长于齐不盗，入楚则盗，得无（莫非）楚之水土使民善盗耶？"

王笑曰："圣人非所与熙（嬉）也，寡人反取病（羞辱）焉。"

（《晏子春秋·内篇杂下》）

上述两则古文名篇，亦是典型的先议后叙式短小篇章。文章开篇即点明题意，说明观点，亮出底牌，然后才去叙述描绘具体的故事，借以说明主题，最后得出令人信服的结论，给人以启迪。前一则说的是石崇与王恺斗富的一个典型事例，两人都是西晋官僚贵族，为官巧取豪夺，奢靡至极。本文所记石、工"争豪"的事例说明，王恺虽然得到了其外甥晋武帝资助，也敌不过石崇。开篇即亮明题意“石崇与王恺争豪，并穷绮丽”，接着以珊瑚树典型事例，从武帝所赐“世罕其比”，到石崇随手击碎，又“命左右悉取珊瑚树”“条干绝世，光彩溢目”令王恺“惘然自失”。全文由议论总领下文，读者自会怀着好奇之心急切尽读。后一则记述晏子言行的故事，也是先议后叙，因楚王知晏子善于辞令，在他使楚时“欲辱之”，这三个字就是通篇之意，后边则具体展开，其结果是晏子借题发挥，反唇相讥，令楚王自取其辱。两则短文以议起步，以叙见长，既有题意引领，又有故事起伏，其效果就大大优于从头到来的直叙法。

不过，先议后叙虽好，然特须谨慎，务必做到故事简短，事有关联，头尾呼应，见好就收，切忌叙事过于冗长，前后难以照应。《文心雕龙》曰：“惟首尾相援，则附会之体，固亦无以加于此矣。”如笔者拙作，开篇由厂长话语起头，引起故事，叙事集中且短，结尾处再以厂长妙语点题，首尾照应，读之理明事鲜，引人入胜；石崇与王恺斗富以“并穷绮丽”之议引题，以珊瑚树展开叙之，又以“恺惘然自失”戛然终篇，令人拍案。可见，特写与短文一样，必须议而有起因，叙而见根梢，方能短小而圆满。

二先叙后议式。此法多用于事件报道，新闻事实相对单一，或者二三个情节亦颇清晰，能够简明准确地叙述出来，最后归结到一个颇有说服力的主题。这样的方法，可以依照新闻事件发生过程，以时间顺序，精巧组合架构，有效安排材料，讲好优美故事；也可用视线转换方式叙述，让受众随着记者视线，由远及近，或由近到远，再环视周边，客观而自然地描述亲眼所见情景，适当点出其中之义。

先叙后议重点在叙，其次是议。叙事为重，重在说话，语言务须生动有力。好比说书讲故事，话随事走，语到理明，用平常话，说平常事，解平常理，不拔高，不虚浮，不故弄玄虚，流畅自然，水到渠成。对此说来，曾经当过记者的美国著名作家马克·吐温的写作原则值得借鉴，他说："以毫不矫揉造作的语言讲述一件很小、很简单的事情。"他又说："描写精确、幽雅、生动……流畅自然。"还说："故事一讲完，文章就结束。"这一点对于先叙后议的新闻特写，或相关融媒产品，特为合适管用。

此法也好比老爷爷说古道今，以"从前"说起，徐徐道来，渐入佳境，而后给以警语。柳宗元《捕蛇者说》便是先叙后议的名篇。"永州之野产异蛇……触草木尽死；以啮人，无御之者。"不过此蛇虽毒，专治异病，皇家征收，可抵税赋。于是引出蒋氏三代以此为业，凄苦无比。由于税赋过重，悍吏残害更甚，"赋敛之毒有甚于蛇毒"，故蒋氏宁愿与毒蛇为伴，也不肯"复吾赋不幸之甚"。由异蛇引出异事，由异事导出异理，全文叙事开篇，因事而叙，因事而议，最终揭示出"苛政猛于虎"的主题。如此先叙后议，委婉曲折，波澜起伏，笔锋奇异，既流畅自然，又显"文以明道"笔力。

不难看出，柳文不是以时间顺序结体，而是由作者视线引入法，读者尽可跟着作者视线游走，察蒋氏苦乐，知乡村萧条，晓悍吏横行，悉苛政害民。这样的叙事，围绕一个悲字，描绘蒋氏由"貌若甚戚"，到"汪然出涕"，继而以作者"余闻而愈悲"相呼应。如此叙事层层递进，展现出极度悲苦哀伤的画面，读之历历在目，可谓一字十泪，莫尽其惨。唯有入神之叙，才会有惊心之议，事叙若成功聚力，议论方一语中的。

不仅是柳氏《捕蛇者说》是先叙后议，韩愈《圬者王承福传》，以及方苞《陈驭虚墓志铭》，也都是先叙后议式。如以新闻特写论，就体裁而言，三篇均为人物特写；就题材而论，又均是底层人物生活写照。正是通过捕蛇者、泥瓦匠，以及民间良医的普通故事，反映了作者的思想情感，体现了作品为民而呼、为民而言的主题。这种主题都是通过故事的生动叙述，然后才有感而发，或针砭时弊，或亲民感怀，或歌颂有德。其实，在众多的古文中，凡主张“文以载道”者，大都注重通过事实说明事理，或褒或贬，起到抑恶扬善、教化社会的作用。就是在《晏子春秋》《世说新语》中，许多短篇也无不是先叙后议式。此处不妨试举晏子出使楚国的另一则故事，亦即人物特写作以剖析，更可看出先叙后议之功力：

> 晏子使楚。以晏子短，楚人为小门于大门之侧而延晏子。晏子不入，曰：“使狗国者从狗门入，今臣使楚，不当从此门入。”傧者更道，从大门入。
>
> 见楚王，王曰：“齐无人耶？”晏子对曰：“临淄（齐国都）三百闾，张袂成阴，挥汗成雨，比肩继踵而在，何为无人？”王曰：“然则子何为使乎？”晏子对曰：“齐命使，各有所主。其贤者使使贤主，不肖者使使不肖主。婴最不肖，故直使楚矣。”
>
> （《晏子春秋·内篇杂下》）

晏子出使楚国，论理说，外交无小事，然而自古弱国常受欺，强楚因齐弱且晏子身材矮小，则戏弄来使，让其从狗门入。这是篇故事，也是篇人物纪事式的特写。开篇就是精彩描述，说晏子“短”，故在大门之侧设小门“延晏子”，欲引他从小门进去。晏子出言相讥，理直气壮，说“使狗国者从狗门入，今臣使楚，不当从此门入。”接下来，故事更进一步展开，楚王以晏子其貌不扬、齐国无人再次羞辱来使，晏子语言更为犀利，以齐国派使臣各为其主，以“不肖者使使不肖主”痛批楚王不够贤德，并揭示出不贤德者没有好下场的义理。由此看来，这种先叙后议式的短篇特写，如同“毒刺”般的手提式小型制导武器，往往会显示出极大的打击力度，起到意想不到的威慑讽刺效果。

为此，先叙必要叙得清楚明白，且要契合文理。上述叙事属一事一议，一事叙得充分，一议议得扣题，听故事丝丝入扣，见道理豁然开朗。此法笔者也曾多次试用，颇为有效。比如《羊倌“改行”》《“让民警们领奖”》等，无不是先叙后议，把道理放在故事后面，让读者有开窗见绿、豁然开朗之感。且以《羊倌“改行”》为例，看是如何先叙后议的：

11月23日一大早，山西省神池县川口村的老海成就起床跳进羊圈，一锹一锹猛劲儿往外铲羊粪，然后发动起四轮拖拉机，准备把大堆羊粪全运到承包田里去。正在他干得起劲时，几位客人走进了他家小院。

“老羊倌，忙啦！”走在最前头的一位亲热地跟老海成打招呼。“哟，刘书记来啦。”老海成抬起头，擦擦汗，嘿嘿一笑，忙着让客人进屋坐。“不进屋啦，报社的记者想听听你的养羊经呢，”县委书记刘培荣对老海成说。“其实书记你比咱还清楚，要不是你三番五次号召大伙种草养羊，今年大灾年里，咱神池县的老百姓都不知咋过呢。”他的话引得周围的老百姓直点头。

随行的县农业局长告诉记者，山西省已连续多年遭灾，今年又是一个大旱之年。高海拔的神池县灾害更是严重，一年种了两次都没收成。县委、县政府号召大伙退耕种草，圈养增收。刘培荣联系川口村，一年里不知来过多少趟，动员老羊倌把羊赶进圈，下地去种草。全村种草900多亩，养羊2500多只，大灾之年人均畜牧业收入上千元。

“让羊倌改行可真不容易，在这个半农半牧区，祖祖辈辈都是放牧为生，哪有人去想过生态和效益。作为党的干部，咱们就是要让老百姓明白，神池高寒干旱，种草比种粮效益高，圈养比放牧赚钱快。”刘培荣说起种草养羊兴致很高，如数家珍。

老海成边听边点头：“我今年种草10亩，圈养小尾寒羊20只，卖了11只，收入2400元，还落下20多车羊粪，这也是钱呀。”

（2001年12月9日《人民日报》）

从题目看，就是有新闻故事的报道。但笔者没有先把为什么“改行”的道理说出来，而是从起羊圈、挖羊粪着笔，徐徐道来，直到“挖”出了退耕种草、圈养增收见效益，才在结尾处让书记道出其中的深刻含义，那就是为政者要有眼光，要有绿色发展理念，既要富民养羊，又要护好生态效益，这才是造福子孙后代的大好事。想想看，在干旱高寒的山西省神池县，靠种庄稼肯定不会有好收成，如只靠养羊也会是恶性循环，所以县里号召羊倌“改行”。但这并不是容易做到的，必须抓典型引路，县里要抓典型示范，新闻报道也要抓典型报道，既要看效益，又要讲道理。放了一辈子羊的老海成，放下羊鞭种起草，圈养小尾寒羊，不光收入高，还落下几十车羊粪，羊粪肥田，田好草多，草多羊肥，羊肥钱多，才是良性循环。笔者详细叙述了县委书记与农民见面唠嗑的场景，体现了干群和谐关系，又道出了养羊致富经。事情不大，故事也挺简单，但叙事清晰，道理挺深，既传递了信息，也传播了思想，体现了小中见大。如果制作成融媒短音视频，一定是生态扶贫、绿色致富的优质融产品。

先叙后议可以是一事一人，也可以是一事多人，或者多人一事。不论一人还是多人，一事还是多事，都必须由一个主线相贯穿，体现一个主题，一个观点和认知。一事一议要精细，多人多事须聚拢，看似散花，其实紧连着一个主干；一事一议看叙事结构起波澜，多人多事看彼此相互巧关联，人物性格不同，事件各有所异，于对比中求统一，于不同中得大同，拿捏得好，会比一人一事一议更丰富可感。不过，无论是一人一事，还是多人多事，叙述时必须有主有次，详略得当，不可平均用力，亦不可扎堆太偏。平均用力会显得松散无力，扎堆太偏则易一边倾斜。唯有十个指头弹钢琴，把握好节奏，找准主旋律，调好和谐音。就说前面所剖析的《夜宿车马店》吧，那样一篇短小的现场新闻中，写了三四个人物，有飞动着菜刀乐呵呵说话的车马店的老炊事员周二旦，有坐在菜案旁的瘦高个老汉贾满贵，有车马店服务员老丁，还有来自黄河岸边上十六股村的青年后生高兴宽，几个人物年龄、外貌不同，其语言风格、内容也各有所异。几个人物如同一台戏，活跃在车马店的舞台上，阅读起来好似看微电影，如果当场拍摄下来，就是最鲜活的短小音视频。最后文末感慨成为“画外音”，道出新时代风向标：“满屋子的人好像都是老熟人，越谈越起劲，越拉越高兴。车马店的火炕似乎也烧得分外热，更显得店堂里温暖如春。”看似抒情实为议论，唯有改革开放如春风，才给中国广大农村带来深刻大变化。

不过，先叙后议千般好，具体操作有二忌，一忌撒开去收不拢，一忌所叙事实落不到议题上。最有效办法是先立主题再想事，先搭好框架再叙事，如同建造玲珑剔透俏楼阁，事先须思谋好架构图，找准立足点，做好“腹稿”或脚本，设计好行文和制作路径，然后一鼓作气，圆满完成妙文佳制，到头来巧作议论亮题意，恰似风水塔上“挂风铃”。

三夹叙夹议式。此法或对一事，或对一人，或对一事多人多地，行文进程中，有叙有议，叙议结合。叙是议的基础，议是叙的升华。或者说，叙是铺陈，议为渲染，议是叙的天眼。对一事，或多事多地，为突出故事曲折性，强化艰巨性，在叙述的关键点上议论一下，或递进，或转折，不是一次议论，而是二次，或者多次，意在提示关注，引起阅读兴趣；对一人，或一事多人多地，重在形象刻画，会对某种德行品质，某项事业，叙述中给予肯定，或并行，或映衬，不能单一论之，而是多层议论，情浓意深，使人物立得起，站得住，丰腴厚重。

对于新闻特写或融媒体短微作品来说，夹叙夹议，所适用的往往是事实相对曲折，人物形象相对具有多个侧面，不来点夹叙夹议就不足以表达事实的艰巨性、人物品行的丰富性。它不像先议后叙或先叙后议那样，针对的是较为单纯的人和事，它往往是需要多重繁复的方法，才能完美表现。比如人民日报海外版几篇驰援武汉抗疫的特写，《杨伟光“千里走单骑”》《朱家兄弟和 2 万斤西芹》等，那都是一人一事，不枝不蔓，一目了然，只需一叙一议足矣；而《最长的单人行李托运单》则一事多人，一事多地，事亦曲折，为了把侨胞筹集的抗疫物资尽快送到家乡，可谓一波三折，扣人心弦。在不断动情地叙述中，根据故事进程，多次以议论逐次演进，进而表达同胞连心、血浓于水的侨胞深意。那《腠子书记》更是典型的夹叙夹议式精制短视频，因人物众多，事体重大，没有那些不断跌宕推进的精彩叙事，以及动人心怀的逐次议论，其短视频产品就难以体现新闻的应有高度和厚度。

夹叙夹议的人物特写更要因人而异。人品有正直奸猾之分，性格有温柔刚硬之别，正直者又与忠厚诚实、直言敢道、刚正不阿般配，奸猾则与尖酸刻薄、两面三刀、趋炎附势相匹。即使要表现一种品性，也需要多面解析，多事衬托，才能丰满起来。笔者在拙著《怎样写活人物》专题研究中，曾引鉴王慧敏《老鲍啊，是棵实心竹》人物特写作为范例，此佳作正是夹叙夹议的最好文本。稿子放在了“改革先锋风采”栏目里，标题下面还有一句提示语：“牢记习近平同志的嘱托，鲍新民带领余村人开始了探索，奏出了悦耳的‘绿色变奏曲’。”明眼人一看就明白，有“嘱托”，有“探索”，还有“变奏曲”，不用说既要叙，肯定还有议，明摆着就是夹叙夹议的文体。特写围绕人物“硬”和“实”个性特征展开，在叙述议论更替中体现其正直诚实、直言敢为的品格，使人物形象格外丰满厚重。有关研究人士说过：“《人民日报》这篇短文真绝！短而有料的材料就该这样。”这里所说的“料”就是所叙事实的精准，所议义理的精到，还有夹叙夹议、神妙灵巧的娴熟技法。特写一开头就是一个“满堂彩”：“一搭手就知道，这是一个敢作敢为、生命里镌满风霜的硬角色。瞧，粗硬的手指铁铸一般。”然后不时会读到“硬橛橛”“脾气犟”“犯颜直谏”等议论风生的字眼，还有令人击节叫好的故事叙述，实在是人物特写夹叙夹议类文稿的典范。

抗疫报道中，《光明日报》“一线抗疫群英谱”中推出人物特写《一名护士长的“速度与激情”》，引来一片叫好声。新闻人物特写的写作特点，主要是用描写的方法，刻画现实中发生的人和事，主要是写新闻人物所经历的事，而不是像文学作品那样主要写人。这就要求所写的事要有新闻价值，要具有时效性和真实性。《光明日报》的这篇作品，即是新闻人物特写的一个典型范本。具写作技巧就在于成功地运用了夹叙夹议方法，让人物形象分外鲜活；其标题也非常简练，而“速度与激情”既表达了特写的核心意蕴，也巧妙地联系上一部曾经非常火爆的电影大片的名字，读者一看到这标题便会受到吸引，产生想读下去的念头，然后跟着作者的文笔引领，享受着特写人物作品给予的精神大餐：

江城清晨的第一缕阳光洒进窗户，湖北省妇幼保健院光谷院区感染十四科护士长李晓莉开始了一天的忙碌。她麻利地穿戴防护装备，即将奔赴她的战场：“红区”。

收治新冠肺炎患者的病房污染区，因其感染风险极高被称作“红区”。这里，就是李晓莉每天奋斗的地方，是她演绎“速度与激情”的战场。

来自火箭军某医院的李晓莉，个头娇小，短发齐耳，说话如蹦豆，走路带阵风，干事就一个字：快！她说，这是在部队一点点练出来的。

当兵31年，从事临床护理26年，参加过国际维和，执行过抗震救灾、泥石流抢险等军事任务，见过了太多的“生死瞬间”，李晓莉更加清楚：“救人如作战，胜负分秒间，多出一秒，我们就多出一份救治胜算。”

速度就是生命，救治就是打仗！战疫月余，李晓莉经历着一次次“生死时速”。

一天上午，李晓莉查房时发现85岁的郑大爷目光有些呆滞，生命体征检查却基本平稳，她便叮嘱当班护士多留意。不出所料，晚饭时郑大爷突然并发症急性发作，血钾减至正常人一半，血氧饱和度急速下降到56%。李晓莉结合医嘱立即实施急救：静脉补钾、高流量吸氧、通知重症病房做好插管治疗准备。

一连串有序的救治操作，把郑大爷从死亡边缘拽了回来。郑大爷的儿子也在同屋治疗，见证了这惊险一幕，激动得不知说啥是好，只是一个劲儿地致谢。

“作为护士，不是量体温、测血压、打针送药那么简单，关键时候要有与死神拔河的本领。”李晓莉说。

李晓莉的父亲是一位参加过抗美援朝的老兵，在她离家当兵时送了她一句话：“真的勇士，上了战场应该兴奋，这样才能打胜仗。”这些年来，父亲的“精神衣钵”在她身上得到很好的传承。

此次支援湖北前，李晓莉虽然已上报了退休，仍带领科里护士集体递交请战书。到了武汉，她担任感染十四科护士长，是全科护士中年纪最大的。主管护师乔惠霞与李晓莉一起共事 13 年，对她的印象就是：“一穿上防护服就像充满了电，投入工作就有使不完的劲儿。”

在护士站，有个小小“督导栏”，里面每天贴着不同的纸条，这是李晓莉查房后列出当天存在的问题和不足，次日逐条逐项“挂账销账”。

采访中，李晓莉拿起一张纸条，上面写着 12 条“提示”：首次入院评估有缺项、手消毒液开瓶日期未填、62 床深静脉置管需重点监护……李晓莉逐一检查，又开始记下当天的“问题清单”。她说：“别看问题小，弄不好都会‘针尖大的窟窿刮起斗大的风’。”

采访中，记者发现一个现象，护士进病房从不叫床号，而是叫爷爷奶奶、叔叔阿姨，患者听了喜笑颜开。护士移倩倩说，李晓莉的这个“特殊规定”，已经坚持 10 多年了。

92岁的王奶奶，是李晓莉重点护理的患者，出院当天，李晓莉惦记着临别前跟她说上几句话。一进病房，发现王奶奶已坐在床边等她：“闺女，我今天出院啦，老婆子就想看你一眼。”

（2020年3月27日《光明日报》 记者 温庆生 通讯员 李永飞 许溟）

因为标题中有“速度与激情”，通篇人物活动就围绕着“速度”和“激情”展开，而且突出特点还在于行文夹叙夹议，以叙作铺垫，以议显真情，人物有血有肉，故事彰显大义，夹叙夹议让特写短篇澎湃激扬。在体现“速度上”，先是叙其“说话如蹦豆，走路带阵风，干事就一个字：快！”相关议论亦恰切到位：“速度就是生命，救治就是打仗！战疫月余，李晓莉经历着一次次‘生死时速’。”而叙其“激情”时，除了工作精细，点滴不漏，还巧妙地挖掘和使用了背景材料，即参加过抗美援朝的老父亲，在她离家当兵时送她的一句话作铺垫：“真的勇士，上了战场应该兴奋，这样才能打胜仗。”有了这个背景材料，人物的“速度与激情”就有了强大动力。然后文笔一转，用战友对她的评价再度提升：“一穿上防护服就像充满了电，投入工作就有使不完的劲儿。”既是叙事，又是议论，夹叙夹议，让人物真正凸现出了精神气。所以有人评价说，这篇作品，堪称新闻人物特写的范本。

夹叙夹议离不开人和事，有时以人为重，有时又以事为重，以事为重时，同样要体现事在人为，即以人的活动体现事实的真正意义。叙事中可以多事呈现一面，也可一事表达一侧。多事一面显饱满，一事一侧见清澈。多事一面偏向人物书写，一事一侧人与事同等重要，而且往往更偏重事实。所以叙多事时事须简，讲一事时事厚实。比如笔者采写过特写《帮助灾民选新址》，一看标题就知是“选新址”一件事情，但这一件事非同一般，帮灾民选新址，说明事实之中见谋略，选新址是虑长远。编辑部深谙此意，特加“编者的话”说：“灾后重建家园是当务之急。但重建工作要有科学的态度，审慎地考虑，目光应放远一点。安徽省宿松县在组织灾民再造新村过程中，注意选址，统一规划，避开低洼地，不占良田。他们的这些做法受到群众欢迎。”可见一事一议的小特写，抓住一事多面的特点，照样能够大显其深意：

8月31日，一吃过早饭，安徽省宿松县县委书记王宜斌就急匆匆地往张畈村赶去，人们已记不清他是第几次去张畈了。如今，灾区重建的大事迫在眉睫，更令他心急如焚！

皖江防汛重在安庆，安庆防汛险在宿松。在宿松同马大堤不断吃紧之时，7月22日深夜，一场百年不遇的特大洪水突然袭击了张畈村，几十分钟内，全村514座房屋轰然倒塌，警惕性很高的村干部救出了所有的村民，但农民600多万元的家当已荡然无存。

受灾的当天，王宜斌和其他县乡干部就赶到现场，搭庵棚，发食品，送衣送药。以后他又来过多次，最让他揪心的是，地处低洼的张畈村几十年来不断遭灾，冲了建，建成冲，吃尽了洪水的苦头。他说：“再不能让老百姓受折腾了，必须考虑选择安全地，再造新村。”

走进村里，不少灾民已下田间抢修水毁工程，补插稻秧，打药施肥。几个村干部来了，大家再商安置灾民问题。年轻的村支书张建平对王宜斌说：“您上次安排调查迁移的事，全村作了民意测验，有75%的群众愿意。”“只要大多数同意就行，选在哪里呢？”王宜斌问。“公路边。”张建平指了指不远处的一片稻田。“那不行！”王宜斌当即反对，“村里良田本来就不多，建新村再占掉几十亩，老百姓还吃饭吗？”

村干部面面相觑，不知如何是好。王宜斌带着大家上了公路，来到一公里外的一块土岗。“就选在这里怎样？离公路近，又不占良田，有利生产，又有利于生活。”“好是好，可地是别村的啊！”“地由乡里负责调换，一亩好田可换好几亩岗地嘛。”乡长曾传采当即拍了胸脯。王宜斌却说，光拍胸脯还不行，还要多想些筹建措施，要统一规划，统一施工，统一供应建筑材料，保质保量保工期，为发展新农村打下基础。

说话间，又有几位农民围拢过来，王宜斌坐下来，与他们共话重建大事。村民们说，新村址选得好，就是钱难弄。为了再建新房，不少人准备水退后就外出打工挣钱。王宜斌说：“这很好，建房款当然以自筹为主，政府再补一点，亲戚朋友借一点，新房会早日住上的。”说得村民脸上露出了笑容。

临走时，他又反复交代乡村干部，一定要尽快动手，争取早日建成新村，给沿江几个移民村做出个样子来。

（1998年9月6日《人民日报》）

正如“编者的话”所说，“灾后重建家园是当务之急。但重建工作要有科学的态度，审慎地考虑，目光应放远一点。”那么，如何讲科学，如何把目光放远一点，应该是具体事情具体分析。此特写围绕选新址，先是说这里一再受灾，必须另建新村，跟上的议论是“再不能让老百姓受折腾了”，随后是选在良田还是选在离公路近的土岗上，又是精妙议论“村里良田本来就不多，建新村再占掉几十亩，老百姓还吃饭吗？”接下来又是建筑规划、质量、资金问题，也是边叙边议，叙中有议，真正体现了选新址的长远意义。新闻重在叙事之艰，叙事之重，而事又在人为，人的深谋远虑决定着新闻事实的深刻价值，人的言行凸显了特写作品的分量。

古人记事写人往往亦重夹叙夹议，或大事，或小事，或多事，或一事，人在事中，事鉴人能，无不因事因人设议，事是文中特质之事，议是文中最闪光的精灵，既是作者的深沉思虑，更是发自胸中的真知灼见。唐宋八大家和桐城古文派无不如此。欧阳修《相州昼锦堂记》即为夹叙夹议之名篇：

仕宦而至将相，富贵而归故乡。此人情之所荣，而今昔之所同也。

盖士方穷时，困厄闾里，庸人孺子，皆得易而侮之。若季子不礼于其嫂，买臣见弃于其妻。一旦高车驷马，旗旄导前，而骑卒拥后，夹道之人，相与骈肩累迹，瞻望咨嗟；而所谓庸夫愚妇者，奔走骇汗，羞愧俯伏，以自悔罪于车尘马足之间。此一介之士，得志于当时，而意气之盛，昔人比之衣锦之荣者也。

惟大丞相魏国公则不然：公，相人也，世有令德，为时名卿。自公少时，已擢高科，登显士。海内之士，闻下风而望余光者，盖亦有年矣。所谓将相而富贵，皆公所宜素有；非如穷厄之人，侥幸得志于一时，出于庸夫愚妇之不意，以惊骇而夸耀之也。然则高牙大纛，不足为公荣；桓圭衮冕，不足为公贵。惟德被生民，而功施社稷，勒之金石，播之声诗，以耀后世而垂无穷，此公之志，而士亦以此望于公也。岂止夸一时而荣一乡哉！

公在至和中，尝以武康之节，来治于相，乃作“昼锦”之堂于后圃。既又刻诗于石，以遗相人。其言以快恩仇、矜名誉为可薄，盖不以昔人所夸者为荣，而以为戒。于此见公之视富贵为何如，而其志岂易量哉！故能出入将相，勤劳王家，而夷险一节。至于临大事，决大议，垂绅正笏，不动声色，而措天下于泰山之安，可谓社稷之臣矣！其丰功盛烈，所以铭彝鼎而被弦歌者，乃邦家之光，非闾里之荣也。

余虽不获登公之堂，幸尝窃诵公之诗，乐公之志有成，而喜为天下道也。于是乎书。

尚书吏部侍郎、参知政事欧阳修记。

北宋丞相韩琦是仁宗、英宗、神宗三朝名臣，曾以武康节度使的身份兼制老家相州，在后园修筑了昼锦堂，又作诗刻于碑上，留给相州人民。诗中有“亦非张美名”，“则念报主眷”，说明自己“不图事饮燕”，而是要时刻警醒自己“顾己常竞战”，即胆战心惊，如履薄冰，最终是为了表示“忠义耸大节，匪石乌可转”。古人云，“诗以言志”，由此表明，主人并非衣锦还乡、目光短浅之辈。韩琦为官有为，为人正直，很受欧阳修仰慕敬重。那时，韩琦曾有过“片纸落去四宰执”的谏官壮举，也有过赴四川赈灾“活饥民百九十万”的政绩，有过与范仲淹共守边陲、人心归服的奇迹，更有过为相十载，辅佐三朝，力助“庆历新政”的伟业。晚年还判相州，实现了“富贵还乡”的愿望，但他不图炫耀乡里，而是以君恩自警。时任翰林学士、枢密副使的欧阳修与韩琦、范仲淹同朝为官，欧阳修既是北宋政治家、文坛领袖，也是韩、范“铁粉”，应邀为昼锦堂作记，自然极为乐意，更是饱含真情。

正是带着志同道合的由衷情感，欧阳修“乐公之志有成，而喜为天下道也”。于是围绕“昼锦”二字，作者夹叙夹议，名为记物，实则写人，开篇是总议引领，然后延伸议题，接着是叙人之威望，再是叙事之能为，叙中有议，议后再叙，层层递进，铺展不迭。叙事则简要几笔，议论亦浓墨重彩，文章虽短，内涵丰富，含义浓郁，盛赞韩琦既有“惟德被生民，而功施社稷”的志向，又有“临大事，决大议，垂绅正笏，不动声色，而措天下于泰山之安”的气度。观全文含蓄隽永，情真意切，充分表达了作者对昼锦堂主人的敬佩，也表现了作者对为官从政的感同身受，同时寄托了自身追求和高尚胸怀。没有和堂主一样的志向和抱负，没有和堂主一样的眼光和操守，就不可能议得如此切中肯綮：“昔人比之衣锦之荣者”，“惟大丞相魏国公则不然”；“惟德被生民，而功施社稷”者，“岂止夸一时而荣一乡哉！”这与范仲淹“士当先天下之忧而忧，后天下之乐而乐”的志向，同出一辙，义昭天下。所以，《相州昼锦堂记》以文美而著称，更以思想境界而扬名。此文又由北宋书法家蔡襄书丹，勒石竖碑，时人以文奇、书奇、人奇而盛誉为“三绝碑”。

未有真情不能成就夹叙夹议名篇，未有激情也采写不好新闻特写和短微融媒作品。夹叙夹议重在议，议需要有激情，有真情，有宽大胸襟。所以说，夹叙夹议之作，情在笔间，议必胸出。唯有与采访对象情义相通，才能写出叙议妥帖的作品。不过，特写以夹叙夹议为主要特征时，必须在议上把握尺度，定好准星，找到最佳切入点。这个点必须与时代背景相结合，与新闻人物和事实所处环境相契合，与人民群众的诉求相吻合，站不高就看不远，思虑不深就议不到点子上。在谋划夹叙夹议特写和融媒短微作品时，记者不能仅仅满足于记得好，叙得细，制作精，更要议得准，议得深，而要议得“高出一筹”，则需拥有“居庙堂之高则忧其民，处江湖之远则忧其君”的胸襟。有著名新闻人在谈到新闻采写的角度和深度时，曾经提出要“站在天安门上想问题，站在田埂上找感觉”，有为人民鼓与呼的高尚情怀，才能喊出时代最强音，议到思想深邃处，这是不无道理的。

四叙而不议式。此法不言而喻，是以叙述为胜，不需议论点题。仅报道新闻事实，不要议论，没有附加成分，还原其本来面目，是新闻特写应有的本义。但为了突出主题，有时加点议论，来点提示，只要巧妙为之，恰如其分，也未尝不可。许多议论风生的新闻作品得到好评，获得大奖，就是例证。但是，真正需要提倡的还是叙而不议，原汁原味的新闻更为读者受众所钟爱。所以，叙而不议式的特写，以及叙而不议的短音视频等融媒产品，应该是新闻人的至爱追寻。

面对新闻事实，或浓墨涂抹，或素描勾勒，不加任何高光亮彩，不特意点明主题，凭着方块文字的错落码放，以及精妙完美制作，如同“不要人夸好颜色”的墨梅，尽可以给读者奉上意蕴浓郁的新闻佳构。然而，这样的特写要写作得好，一要在构思上下功夫，二要在文字上打主意，三要在文法上多思虑。刘大櫆《论文偶记》提出：“文贵奇”“文贵简”“文贵变”，同时还提出贵高、贵大、贵远、贵瘦、贵华、贵参差，其实后边几“贵”尽可以纳入奇、简、变之中，每篇文章都要力求主题重大，立意高远，而文采上或瘦或华或参差，那往往要由个人文字风格所决定，而特写及其融媒产品，如要叙而不议，务必要在奇、简、变三方面求突破，并以构思、文字、技法相匹配。

先说奇。叙而不议而求奇的特写，往往故事性较强，事件进展中有情节，有曲折，有跌宕，而要写得好，必须先架构好，然后以层层剥笋的方式述写下来，让受众在波澜起伏的叙述中体会新闻事实的价值。《最长的单人行李托运单》就是有故事的新闻，虽然是小故事，但作品构思奇巧，“螺蛳壳里做道场”，以三个大“？”号，巧设架构，起承转合，在一个又一个问答中激起文章波澜，所以特别能够激起阅读欲。古人著文最是以奇求胜，《世说新语》中许多短篇都蕴含着奇思妙构，就说以啸声闻名的阮籍与得道高人相会那则故事，短短的篇幅中，即设置了抑扬转折的多层建构，叙述中先扬后抑，抑而又扬，一连几个起落，把故事叙写得步步见奇，奇中有巧，而后奇到极处，恰是文章收笔之处：

> 阮步兵啸闻数百步。苏门山中，忽有真人，樵伐者咸共传说。阮籍往观，见其人拥膝岩侧，籍登岭就之，箕踞相对。籍商略终古，上陈黄、农玄寂之道，下考三代盛德之美，以问之，仡然不应；复叙有为之教，栖神导气之术，以观之，彼犹如前，凝瞩不转。籍因对之长啸。良久，乃笑曰：“可更作。”籍复啸。意尽退。还半岭许，闻上啁然有声，如数部鼓吹，林谷传响。顾看，乃向人（刚才那人）啸也。
>
> （《世说新语·栖隐一》）

其实，这奇巧的构想，与人物奇异秉性高度契合，换句话说，是人物性格决定了文章之奇。那阮籍是建安七子之一阮瑀的儿子，阮瑀能文章，善解音，又师从蔡邕，被称为“奇才”，曹操曾以烧山逼其为书掾，能马背挥毫，文不加点，呈上竟不能增损半字。其子阮籍，累迁步兵校尉，世称阮步兵。他崇奉老庄之学，政治上倾向曹魏皇室，当司马氏集团阴谋日益暴露，深知世事不可为，于是常醉酒佯狂，遁迹山林。阮籍和父亲，以及侄子阮咸一样精文辞，解韵律，且阮籍又以“啸闻数百步”闻名。啸，即撮口作声，也就是口哨，亦作“歌啸”“吟啸”“长啸”等。那日，他听砍柴人说苏门山中忽然出现一名得道高人，于是前去观看，见此人极其傲慢，就以傲慢之态“箕踞相对”，与他清谈往古圣贤，那人听而不闻，“仡然不应”；籍又讲儒道之术，“彼犹如前，凝瞩不转”。籍干脆“对之长啸”，吹起口哨，良久，真人“乃笑曰：‘可更作。’”阮籍再次长啸，尽兴离去。到了半山腰，山谷中忽然回荡起优美的啸声，“如数部鼓吹，林谷传响”。阮籍抬头望去，原来是真人在长啸不已，声若数部乐队合奏，音响在山林幽谷中訇然回荡。区区几百字短文，抓住一个奇字，将阮籍啸闻之奇，真人气场之奇，以奇异的对比手法，表现得奇上加奇，而奇异的背后又是世事难为的无奈。所以，文不在长短，构思奇巧，方为叙而不议之高招。

再说简。叙而不议能出奇，除故事强、结构奇，还在文字精简，在精彩描述上下功夫，在简洁明了上求意境，在浸润人心上得真经。这种文字之妙，就是刘大櫆所说的“文贵简”。他说：“凡文，笔老则简，意真则简，辞切则简，理当则简，味淡则简，气蕴则简，品贵则简，神远而含藏不尽则简。”一言以蔽之，“简为文章尽境”。对故事性相对不强，而又充满趣味的新闻事实，需要以老到的笔力，真切的意蕴，恰当的理义，淡雅有味的语言，以及质高气足的神采，表达事实本来面目，方为叙而不议的最佳意境。《樵髯传》是刘大櫆“贵简”之说的代表作。此在《怎样写活人物》中已有论说，故不赘述。在当今，人民日报记者李泓冰采写的《他们的未来不是梦——第31届国际数学奥林匹克中国队速写》，亦是这样一篇意简笔老之文。此文刊登在1990年7月18日《人民日报》，因为达到“文章尽境”而进入中学课本。当时中国队有6位同学参赛奥数获5金1银，是1986年参加IMO大赛以来的最好成绩。记者发了条消息，觉得还不尽兴，对6位“牛娃”充满好奇，特别是国家队中最小的选手、唯一的高二学生，那个走路踢踢踏踏、穿鞋都穿得与众不同的小男孩，促动记者一定要再写篇特写。几年后，记者回忆起当年采写那小男孩很谑时的情景，曾让她一边写一边笑，发到版面，编辑也是一边读一边乐。这小男孩太厉害了，虽然怪诞逸事举不胜举，但再难的题他三下五除二就拿下来了：

……

王崧，国家队中最小的选手，唯一的高二学生。提到这个名字，许多熟悉他的人要忍俊不禁。他的逸事举不胜举！他出门必须有人贴身陪着，否则准要迷路，而且他绝不开口问路，因为他不肯和陌生人讲话。进澡堂也得小心看住他，上一次他懵懵懂懂地站在喷头下，“哗啦”一下拧动了开水开关，要不是身边的老师眼疾手快一把拉开他，非烫坏了这个数学“小怪才”不可。几天前中外学生联欢，他穿着一双奇大无比的拖鞋啪嗒啪嗒走进会场，前半个脚掌几乎都伸出鞋外，10个脚趾头索性高高翘起来，居然也走得稳稳当当。这副尊容使许多外国选手再也忘不了他了。有人打赌说，一看见王崧的脸就知道这孩子在数学上有不凡的智慧，把他混在一群孩子中，陌生人也会一眼认出他是个数学神童。是够神的——去年集训时，一道有关抽象代数的难题使孩子们冥思苦想了几天都毫无结果，只有王崧一人不仅解答出来，而且代入一个符号使复杂的解题过程大大简化了。这一下把小伙伴们全都“镇”了！这次第二场考试他提前一个多小时完成，百无聊赖中竟坐在考场里在草稿纸上画出一副牌例，自己和自己打了一圈桥牌。他明年还要代表中国赴瑞典参加下一届IMO哩。14日下午在蓟门饭店卡拉OK歌厅，一向沉默寡言的王崧在汪建华怂恿下，出人意料地第一个上台吼了一曲时兴的摇滚：“不是我不明白，这世界变化快……”

……

（1990年7月18日《人民日报》记者　李泓冰，略有删节）

那时有首流行歌曲，叫《我的未来不是梦》，所以记者就拟了个梦一样的标题。记者用笔老到，不光意真辞切，而且理当文雅，气高品贵，神气十足。叙事上也极讲技巧，六个参赛者，只写了三个，而且各有侧重，有详有略，将那个小男孩作为主角，其余的仅提个名字而已，可谓是撒得开，收得拢，放收自如。落脚点则是“杜教授一个个地看着自己心爱的学生，一时间他几乎忘了数学”，没有议论，更不见拔高，字里行间浸润着老师对孩子的真爱，对数学的痴爱，让人深切感受到，没有痴爱数学的老师，就没有孩子们奇迹般的成长，也就没有中国数学奥赛的峰巅。

三说变。叙而不议还要在表现手法上求胜，最根本的一点就是要“变”。变就是与己不同，与人不同。变在于每次采写技法不同，行文不同，形式也有不同。求变的意识会让人不断变换方式，取得更新颖的效果。刘大櫆特别强调变，其重点在神气音节之变，而新闻特写讲求变，则多在形式之变。要说变，刘大櫆最推崇的是韩愈，他在《论文偶记》中说：“文贵变。《易》曰：‘虎变文炳，豹变文蔚。’又曰：‘物相杂，故曰文。’故文者，变之谓也。”还说：“惟昌黎能之。”昌黎即韩愈，其文善变，字句有变，文体有变，篇篇是变中出奇，不愧为古文领袖。且看本为唐代工作程式化的壁记文体，在其《蓝田县丞厅壁记》里却变成脍炙人口的人物特写；本为人物特写的《张中丞传后叙》，在韩愈笔下却成了夹叙夹议、议论风生的群体人物传略。新闻总是新的，表现手法要不断随之创新，就要好好学学韩昌黎之善变。古人云，文在笔先。新颖的表现，应贯穿新闻采写全过程。采访时就想到如何行文，行文前更要想到如何出新，现场思索与构文结体相结合，才能真正出新出彩。求变还在于实践，用笔之妙绝不是一日之功，一朝之变。笔者几十年从事新闻，最喜还是特写，虽无大成，但每篇都在求新求变求不同。仅从标题上看就各有变化，有直言道来型《羊倌“改行”》，有妙言引语型《“监督就是支持”》，有凝练结体型《乐在广场》，有长标题《不寻常的第三个一万台》，有短题《铜为媒》，还有虚言《特殊的新闻发布会》，更有实话《“建菜园去！”》，可谓是，千变万化，不一而足。新闻每天在变，每次在变，表现形式也要应时多变，特别是在新媒体时代，更要求新求变，唯有多变才符合特写和融媒体力求创新的特性。

特写的融媒创新与传统思考

一场突如其来的新冠疫情，对中国和世界都是极其严酷的考验，对媒体传播更是前所未有的挑战和检验。作为主流媒体的新闻人，到底应该如何肩负起历史的重责，如何以执着创新的精神迎接挑战？特别是如何使用好特写这种传统而又富有鲜活生命力的报道形式，在融媒阵地上更好地释放出正能量？不揣简陋，且汲取相关研究成果，以做如下分析：

一是转变传播方式。掌握新媒体“十八般兵器”，做能打管战的新媒体人。此次疫情最考验媒体的是，能否在宏大的社交媒体中立得住、走在前、打得赢。社交媒体具有人数众多，自发传播量大，影响力强的互联网优势。包括社交网站、微博、微信、博客、论坛和播客等，已经成为人们彼此间最为广泛的交流渠道，自然也成为传统媒体争相跟进的立体平台。习近平总书记高度重视新媒体建设和发展，在党的新闻舆论工作座谈会上指出，过不了互联网这一关，就过不了长期执政这一关。对新媒体，不能停留在管控上，必须参与进去、运用起来。为了推动媒体融合向纵深发展，习近平总书记还专门主持政治局集体学习，把“课堂”设在媒体融合发展的第一线——人民网全媒体播控中心，提出建设全媒体是一项紧迫课题，主流媒体要掌握舆论主动权和主导权，通过理念、内容、形式、方法、手段等创新，使正面宣传质量和水平有一个明显提高；对新闻舆论队伍建设则郑重告诫，要善用现代传播手段，会使“十八般兵器”，努力成为全媒型、专家型新闻舆论工作者。

众所周知，在过去很长一段时间里，记者只凭一支秃笔走天下。如今融媒产品层出不穷，花样翻新，记者如不掌握现代融媒武器，简直无法生存。所以，在强化文字写作能力的同时，必须加强融媒技能培训。这些年来，各大主流媒体进军新媒体，融合社交媒体，逐步成为互联网时代主力军。

正是因为高度重视新媒体融合发展，此次战“疫”中，主流媒体真正起到了中流砥柱作用。全国广播电视和网络视听发挥媒介和平台优势，直击疫情阻击战，让信息抵达最广泛的人群。可以说，当纸媒因疫情无法进门入户的时候，是电视广播全天候滚动播送着受众最为关切的信息，是中央各主流媒体倾力打造的新媒体坚守着舆论阵地，并成功上演了传统媒体与新媒体同台竞技的“融”媒大戏。看：传统媒体“村村响”广播覆盖人口 2 亿多，安徽亳州一名村干部的大喇叭“喊话”在网上朋友圈热传；5G 让直播发生大变化，湖北广播电视台长江云联合全国 38 家主流媒体 40 多个端口，向全国直播湖北省抗疫新闻发布会，首次采用视频远程提问，最大限度减少人员聚集，确保发布人和记者安全；网络视听平台开展“共同抗疫”，制作推送权威疫情防控和一线战“疫”特写，一期新媒体包装传统媒体的《应急广播村村响　危急时刻显身手》短视频，如同战争年代满带硝烟的战地短通讯，在受众乐于接受的网络传播中展示了融媒体的新奇萌态。

在此次抗疫斗争中，与特写同根同脉、无缝嫁接的短视频，表现得最为活跃。短视频具有特写的广、深、小、快等特点，而且随着移动终端普及和网络提速，更以广题材、深立意、小体量、快传播赢得受众宠爱。灵动的画面、真切的声情、短而强的感染，将特写的优势提升到新高度，二者巧结良缘，实现了 1+1 ＞ 2 的矩阵等式。有专家分析，人民网在抗疫期间推出 400 多件短视频作品，就是以画纪实、以声传情，以优质的新闻内容对位专业技巧，在画面的实录中直击现场，在音律的高潮中凝聚情感，真实有效地传递一线疫情信息，叙述前线温暖的抗疫故事，为全面战胜疫情“融”出了超大能量。

事实是，全新的传播方式助推了抗击疫情的向好推进，主流媒体的融发展，担当起了互联网时代“压舱石”作用，使一时的舆论混战迅速得以扭转，各级融媒体利用互联网传播出的舆论新品，得到越来越多受众的欢迎。例如，《长江日报》推出的“疫情何时才会结束？听听钟南山等 8 位专家怎么说”的新媒体报道，编排灵活新颖，一人一图配一文，要言不烦，干净利索，让人一看就明了，满足了人们欲知、应知之需，受到“老记说事”等专业人士好评；红网时刻的《医护人员脸上留下“天使印记”》，以独特视角赢得受众纷纷点赞；来自人民日报客户端的《防护服上的字，句句戳心》，以简洁清新的特写方式，配以清晰精美的图片，以及微信、微博截图等，制作成了可视可感可亲的融媒新品，军网、环球网、央视网等各大新媒体纷纷转载，熨贴了无数焦灼不安的心灵。

二是转变话语方式。学会使用网言网语，说老百姓听得懂、听得进的暖词。随着互联网飞速推进，不但新闻传播方式发生着惊人变化，话语方式也变得更有烟火气。与社交媒体最为亲近的新闻特写，不仅与短视频等媒体新品无缝接缘，而且在话语方式上适时跟进，生发出分外鲜活的生命肌理。为什么防护服上的字句句戳心？就是因为这些话语与网民息息相通，心心相印，想到一起，说到一起，每句话大家伙儿都听得懂，听得进，还能会心一笑，顿生暖意。例如“我不是刘刚，我是热干面”“周黑鸭”“奥利给”。可以说，通篇文字活泼可感，截图与叙述交相辉映，更让新媒体作品妙趣横生，简直让网友为之欢呼雀跃，一时间似乎忘记了疫情的侵扰，引来潮水般点赞。

当然，网络语言再活，也不能“光棍撑天”。事实是，即便防护服上的话也是庄谐并存，多姿多彩。人民日报客户端这篇报道可贵之处就在于，既遵循新闻规律，又注重语言丰富新潮，除了活泼鲜亮的网络语言，还有郑重高雅的正面话语和日常用语。例如，李兰娟院士防护服上的“武汉加油”，以及其他防护服的“精忠报国”“党员”，还有妈妈对孩子的嘱咐“孙辰，好好学习”，更有对远方亲人爱的表白“等疫情结束后，我娶你”，更有充满生活气息的“逆行不独行，隔离不分离”“湖北姑爷”等。新闻讲究语言为事实服务，特写和新媒体嫁接，更要体现语言准确、简明、个性化、有质地，唯此才能为受众所倾心爱慕。

特写与新媒体嫁接，不仅要说好时髦的网络语，而且要说好平常话，平常心要用平常话表达，平常话便是百姓话。新闻要说有思想、有温度的话，切忌生、硬、冷和假、大、空。俗话说，“良言一句三冬暖，恶语伤人六月寒”。这里的恶语不一定就是骂人的话，那些生、硬、冷和假、大、空的话一样会寒了读者受众的心；这里的良言绝不是讨好谄媚的话，那些接地气、有人气，能够温暖人心的话语才最能够为百姓所喜爱。

新闻特写与短视频等融媒新品一样，需要的都是有温度、有情趣、干净利索、简洁明了的语言，那“湖北姑爷”就简洁而有情怀，这名军医说，自己是半个湖北人，亲人生病了，那当然要尽力救治；那“等疫情结束后，我娶你”就明了而有深意，本来准备过年时定亲，没想到疫情来袭，驰援武汉远隔千里的他，用最特别的方式向女友隔空示爱，掏出心窝子话。抗疫期间，各类媒体上有着大量这样充满人间烟火气的报道，尤其是各家媒体专门开辟的特写栏目里，一篇篇充满真情实意的特写佳作，讲述着各种动人的故事，传递着满满的正能量，也传递着滋润人心的美感。所以，在那样特殊的时期里，总有一种感动叫泪目，也总有一种愤怒叫无语，话语方式的转变，无时无刻不在考量着新闻人的三观与素养。

特写嫁接新媒体更需要传统文化的滋润，一句“精忠报国”让多少人为之心动。新闻特写要书写新时代典型，就必须学点古文，增加些国学素养。中华优秀传统文化是年轻人成长的精神源泉，也是新闻活力永不枯竭的源泉。从防护服上“精忠报国”可以体会其精神魅力，从《擦鞋者说》也可体会其对新闻业务的源远流长。可见学点国学，打牢古诗文功底有多么重要。刘大櫆《论文偶记》云：“人不穷理读书，则出词鄙倍空疏。”鄙倍者，鄙陋背理是也。

三是最不能改变的依然是采访。新媒体时代，可以有播报机器人，可以有写稿机器手，也需要转变传播方式和话语方式，但有一点不能改变，那就是扎实、扎实、再扎实的采访作风。正如现代战争，新式武器断不可少，但决定胜负的仍然是人的运筹帷幄。战争年代，一文唤起千百万；疫情战斗中，更需要富有品质的新闻报道。尽管有种种事关疫情及其他方面的官方发布会，但真实的故事还是要靠扎实采访去撷取，更多可信、可视、可听、可感的特写和短视频，以及其他品种的新媒体报道，还是要靠记者深入一线用心血和汗水来完成。

舆情面前，记者应该持疑，以质疑的态度去调查真相，应该千方百计联系上当事人，追根究底，弄清真实情况，写出更有分量的东西。如果记者丢掉了采访这个武器，自然也就丢掉了真相，最终失去的是新闻舆论的权威。

所以有人说，互联网时代，记者要转变传播方式学本领，要切记千方百计求真相。尤其是舆情汹汹的非常时期，此时更需要记者发挥求真相、识真假的独特能力，像当年黄远生那样，具有惊人的探采真相的能力，用最迅速的手段报道出去。远离现场，放弃采访，无异于放下武器。如果图便捷，讲安全，蹲守发布会现场，当然无可指责，但发出的新闻恐怕就丧失了应有的战斗力，也会因此令记者形象受损。

然而，有这样一位入职仅三年的年轻记者，本来是回武汉过年休假，疫情突袭，他毅然疫中请战："我是武汉伢！""我要上一线！"不到一周时间内，火神山医院、雷神山医院、定点医院、科研院所、万人社区、连锁商超等，都留下他的足迹。

这位记者的得意之作应该是《菜荒？余阿姨虚惊了一场》，这是一篇来自不见硝烟的战场，却充满着"火药味"的战"疫"特写，还配发了记者的新闻图片：

过年，连续4天宅在家里，冰箱马上要空，菜篮几近见底，想想以后的日子，家住武汉水果湖儿童公园附近、62岁的余阿姨一下子着了慌。大年初五，她不由分说拉上儿子急匆匆就往"中百仓储"水果湖店赶。一进"中百"，他们直奔蔬菜区，生怕晚了半步抢不到。

让她没想到的是，蔬菜区并没有出现抢购情形。再一瞧，货架上近20种蔬菜整齐码放，货量充足，菜价也和平时差不多：青椒3元一斤、包菜2元一斤、白萝卜1元一斤……

余阿姨的心放下了，精挑细选了一些，悠悠笃笃往家走。“下次买菜不慌了。”余阿姨歉意地看了看儿子。

菜价稳住，供应正常，武汉怎么做到的？这要从1月23日说起。当日，武汉宣布地铁、公交停运，个别商超门店出现了抢购现象。

菜篮子丰盈与否，牵涉到特殊时期市场的稳定。武汉马上出招：

第一招，摸清情况。全市商务系统分包划片，组成专班，每日监测，确保掌握一手信息，哪里缺货补哪里。1月25日，武汉三大商超蔬菜限价销售，当日“1元菜”销售28吨，投放政府储备冻猪肉1.09万公斤。

第二招，确保供应。武汉蔬菜，主要从“白沙洲”和“四季美”两大市场批发。春节期间，两大市场免除每吨30元的进场交易费，让车主多赚钱，鼓励过境武汉的鲜活农产品留下来，丰富货源。另外，重点商贸企业拓宽货源渠道，确保正常营业。

第三招，服务企业。商贸企业物流车辆进入武汉起初曾受到管制，武汉市指挥部很快反应：给武汉送菜的可以走绿色通道！商超上班员工缺少口罩，市里紧急调配，让员工踏实上班。

对“物价大幅上涨”等不实信息，及时发布调查结果，引导市民理性消费。这些措施效果顿显：中百、武商、中商、盒马鲜生、麦德龙、沃尔玛等大型商贸企业，全部坚持营业，蔬菜随买随有，价格亲民。

当然，武汉菜价稳定，离不开全国驰援——商务部统筹“南菜北运”“北菜南调”，武汉菜源足得很。

记者在“白沙洲”市场采访，碰到正在组织装车的徐世洪师傅，这是他当天要送的第7车蔬菜。他说，“一天干12小时，能运40吨菜，累是累点，大家有菜吃，我觉得有意义。”

（2020年2月1日《人民日报·海外版》 记者　鲜敢）

抗疫是场人民战争，此稿件就充满“火药味”，细品文字可见一斑。“火药味”一：过年，连续4天宅在家里，冰箱马上要空，想想以后的日子，余阿姨拉上睡梦中的儿子直奔菜市场；“火药味”二：从1月23日说起，当日，武汉宣布地铁、公交停运，个别商超门店出现了抢购现象；“火药味”三：武汉马上出招，摸清情况，确保供应，服务企业。究其原因是，“菜篮子丰盈与否，牵涉到特殊时期市场的稳定”。市场稳定与否又事关防疫大局，正因为“火药味”足，全国紧急驰援就显得弥足珍贵，也正因为稿件铺垫得好，从“火药味”里看到蔬菜随买随有，价格亲民，才使新闻特写有了更为难得的好滋味。于是，“余阿姨的心放下了，精挑细选了一些，悠悠笃笃往家走。‘下次买菜不慌了。’余阿姨歉意地看了看儿子”。

岂不知，市场充足，有政府之力，更有记者之力。由于记者前期一直注意蔬菜供应市场观察，掌握了大量数据和有关资料，在问题苗头刚刚出现时，他一篇涉及蔬菜保供情况的内参报上去，受到中央领导批示，引起各方高度重视，及时调整了保供机制，才有了余阿姨的安心。困难时期决策层需要前方信息，包括内参，但记者也会因此面对风险考验，甚或是承担相关责任。这就需要记者能有更多的职业精神和更大的责任担当，凭借扎实采访、掌握真相的足够底气，去勇敢面对各种风险和挑战。

记者在现场，得到的是实情，更能写作出真情。不是吗？《菜荒？余阿姨虚惊了一场》的特写，既是实情，也饱含真情。文字虽短，却有细节，有概况，有图片相配，以故事引入，又以故事荡出，前后呼应，堪称佳作。尤其是针对政府非常时期所采取的保供措施，对当时、对以后都会有着极其深远的意义，相信这样的现场特写，要比发布会报道的信息可信、可爱、可用得多。由此想到，古文大家凡写人写事，大多也会多方采撷，深加思考，以感同身受而为之。韩愈写张中丞传后叙，就是“亲祭于其所谓双庙者”，闻“老人往往说巡、远时事”，其内参《御史台上论天旱人饥状》更是亲临现场所见“至闻”而得；柳宗元写捕蛇者亦是访察甚细，“问之”“余悲之”“余闻而愈悲”，“故为之说”；王安石写《通州海门兴利记》，亦由“余读豳诗”，想到“以余所闻，吴兴沈君兴宗海门之政，可谓有志矣”，故“不欲使其无传”。战争年代《西瓜兄弟》《表的故事》，无不是记者亲临前线，从战火中发回的所见所闻所感。细读记者此篇带着武汉蔬菜市场新鲜气息的特写，更感觉到来自抗疫一线的报道，才真正是稳定人心、鼓舞士气的“定海神针”。

更为可喜的是，身处一线使得这位记者于艰苦的实践中打败了“本领恐慌”。据他所撰写的业务体会文章透露：在火神山医院首批患者收治入院现场，他图文直播，现场快讯，短通讯和特写，一起上，一把抓；在方舱医院的“中药房”，他自拍视频素材，制作《疫线Vlog》，上线官方微博，收获数百万阅读量。他说，一个多月里，战“疫”报道里用得最多的就是“战场”二字，这对广大军队医务工作者来说，是最贴切的词语！对记者来说，一样！记录现场，坚守战场，就是对生命最大的敬畏。

他在一线的才能表现和深切感悟，也证明一个最为透彻的道理：互联网时代，讲求“一图胜万言”“有图有真相”“有声更迷人”等“吸睛宝典”，作为主流媒体人，更要争当融媒多面手，好好攻克本领难关，通过实战和平时训练，努力学习融媒新技能，夯实特写传统功底，在写、拍、录、制等技能上下苦功，真正做一个合格的全媒型和全能型记者。

笔者讲这么多故事，目的就一个，创新不可少，传统不能丢；现代武器要跟进，常规武器要用好；上一线的勇气要足，捕捉和报道好新闻的本领要强。走进新媒体时代，千万不能失去传统媒体的基本功。

最后要说的是，新闻报道是一门实践性非常强的业务课，尤其是特写报道，滋润着古文典籍的文化营养，裹挟着战火烈焰的淬炼，伴随着新闻改革的艰深脚步，快速融入互联网新媒体阵地，新闻工作者必须以勇于创新的姿态，让特写在融媒体舞台上绽放出更加绚丽的光彩。

附：阅读书目

现代特写、短视频：

1.《人民日报70年通讯选》（人民日报出版社2018年出版）

2.《新华通讯社90年90篇精品选》（新华出版社2021年出版）

3.《中国优秀通讯选》（徐占焜选编　1984年新闻刊授大学丛书）

4.《重点报道》（刘杰著　安徽人民出版社2006年出版）

5.《大潮歌》（刘杰著　安徽文艺出版社1991年出版）

6.《防护服上的字，句句戳心》（2020年2月16日人民网·人民日报新媒体）

7.《臊子书记》（短视频　2019年10月17日　天津津云新媒体推出）

古代短篇、文论：

1.《韩昌黎文集校注》（上海古籍出版社2014年出版）

2.《古文观止》（中华经典藏书　中华书局2012年出版）

3.《世说新语》（中华经典藏书　中华书局2012年出版）

4.《桐城明清散文选》（江小角　方宁胜主编　安徽美术出版社2011年出版）

5.《晏子春秋》（中华经典藏书　中华书局 2012 年出版）

6.《唐宋八大家散文》（王会磊注评　长江文艺出版社 2015 年出版）

西方新闻理论书籍：

1.《特写写作技巧》（美　丹尼尔·威廉森著　新华出版社 1986 年出版）

2.《新闻报道与写作》（美　麦尔文·曼切尔著　广播出版社 1981 年出版）

3.《新闻写作教程》（美　密苏里新闻学院写作组　新华出版社 1986 年出版）

4.《怎样当好新闻记者》（美　杰克·海敦著　新华出版社 1980 年出版）

5.《〈华尔街日报〉是如何讲故事的》（美　威廉·E. 布隆代尔著　华夏出版社 2014 年出版）